용돈, 시작부터 독립까지
용돈 잘 쓰는 법

메가스터디BOOKS

작가의 말

용돈, 시작부터 독립까지 선생님과 함께 도전해 보아요~!

우리 친구들, 용돈 잘 쓰는 법이 궁금하지요?

친구들이 좋아하는 『열두 살에 부자가 된 키라』에 나오는 강아지 '머니'처럼 필요할 때마다 경제 지식을 알려 주는 멘토가 있으면 얼마나 좋을까요. 선생님은 학급 친구들이 "우리 집에서는 용돈을 안 줘요.", "할머니께서 주신 제 용돈인데 엄마가 안 돌려줘요."라는 이야기를 정말 많이 들었어요.

부모님께서는 왜 용돈을 안 주시는 걸까요?

크게는 2가지 이유가 아닐까 해요.

1. 필요한 것은 다 사 주니까 특별히 용돈 줄 필요가 없다.
2. 아직 돈을 관리할 수 있는 나이가 아니다.

그런데 선생님은 친구들도 분명 '나만의 돈'이 필요할 거라고 생각해요. 부모님께서 사 주시는 것 말고 내가 진짜로 갖고 싶은 것이 따로 있을 테니까요. 매번 포켓몬 카드, 슬라임 등을 사 달라고 조를 수도 없잖아요(조를 때마다 혼나기 일쑤니 속상한 것도 사실이고요.).

방금 '내 용돈이 있다면 바로 살 수 있을 텐데.'라고 생각한 친구들이 있지요? 이런 친구들은 10살 소녀 남달라를 만나 보세요. 달라는 여러분과 아주 비슷하거든요. 용돈으로 친구들이랑 맛난 간식도 사 먹고 싶고, 순식간에 사라지는 용돈 탓에 깜짝 놀라기도 하고. 그런데 달라는 용돈 멘토 '핀'을 만나 직접 용돈을 굴리며 '용돈 잘 쓰는 법'을 하나하나 배우는 경험을 해요. 그리고 용돈을 어떻게 쓰는 것이 좋은지 스스로 고민하는 아이로 성장하지요.

이 책에서는 달라 말고도 다양한 아이들을 만나 볼 수 있어요. 달라의 짝꿍 다정이, 간식왕 호진이, 아이돌 스티커를 수집하는 주현이, 씨드 머니를 모으는 수현이까지. 달라와 친구들을 보면서 여러분은 자신이 지금 어디쯤 있는지, 누구와 가장 비슷한 상황인지 확인할 수 있을 거예요.

혹시 용돈을 똑똑하게 쓰지 못하는 상황이라도 걱정하지 마세요. 핀이 알려 주는 '용돈 잘 쓰기 위한 마법의 5단계'를 따라 하다 보면, 우리 친구들도 달라처럼 자연스럽게 성장할 수 있으니까요. 달라와 핀, 그리고 선생님은 여러분의 용돈 시작부터 독립까지의 모든 과정을 진심으로 응원합니다!

2023년 6월
김선 선생님이

작가의 말

똑똑한 용돈 관리법을 배우는 데 작은 도움이 될 수 있기를!

'나중에 커서 뭐가 되고 싶니?'라는 질문에 '돈 많은 백수가 되고 싶어요.'라고 대답하는 초등학생이 꽤 많다고 해요. 이 책을 읽는 친구들 가운데도 비슷한 생각을 하는 친구들이 있을까요? 선생님 생각에, 정말 백수가 되어 놀고먹겠다는 뜻은 아닐 것 같아요. 힘들게 일하지 않고도 내가 원하는 삶을 살고 싶다는 소망의 또 다른 표현이 아닐까 싶어요. 그리고 이건 비밀인데, 사실 선생님도 똑같은 마음이거든요.

하지만 돈이라는 건 내가 원하는 만큼 저절로 생겨나지 않아요. 세상 어디에도 끝없이 돈이 쏟아져 나오는 항아리나 마법 지갑은 존재하지 않거든요.

그래서 우리는 돈을 잘 관리하는 방법을 꼭 배워야 해요! 충분한 돈이 있어야 좀 더 많은 일을 경험하고 선택할 수 있는 환경에서 살아갈 수 있으니까요. 원하는 일을 원하는 때에 할 수 있다는 게 큰 행복이란 점을 잊지 마세요. 그래서 우리는 행복과 가까워질 수 있도록 돈과 친해지고 잘 관리하는 법을 연습하는 거예요.

돈을 잘 관리하는 것은 어린이뿐 아니라 어른에게도 힘들고 어려운 일이에요. 실제로 돈을 모으고, 쓰고, 불리고, 나누는 경험을 통해 끊임없이 연습해야 돈 사용 역량을 몸에 익힐 수 있거든요. 단번에 이루어지지 않으니, 수고롭고 힘든 과정이더라도 꾸준히 연습하면 좋겠어요.

여러분이 어른이 되기 전에 꾸준히 용돈을 모으고 스스로 계획을 세워 돈을 쓴 경험은 분명코 미래의 여러분에게 큰 도움이 될 거예요. 돈과 관련된 복잡한 문제를 만났을 때 당당하고 슬기롭게 해결해 나갈 힘이 되어 줄 테니까요. 이 책이 여러분이 용돈을 받고 지혜롭게 관리하는 습관을 기르는 데 작은 도움이 될 수 있다면, 선생님은 정말 행복할 거예요.

용돈의 시작부터 독립까지,
그 모든 순간의 여러분을 응원합니다.

2023년 6월
조희정 선생님이

등장인물 소개

남달라
용돈 모으기에 질린 소녀. 용돈이 늘어날수록 속상하고 약 오르고 짜증 나는 증상을 겪는다.

핀
퍼핀월드에서 온 말하는 동전. 달라와 환상의 케미를 자랑하며 달라가 용돈을 잘 쓸 수 있도록 도와준다.

엄마

달라가 용돈을 똑똑하게 잘 쓰기를 바란다.

할머니

달라를 진심으로 사랑하며 씩씩하고 건강하게 잘 자라기를 소망한다.

한다정

달라의 짝꿍. 달라에게 정기 용돈의 세계를 소개한다.

친구들

차례

작가의 말 4
등장인물 소개 8
프롤로그 용돈이 많아질수록 속상한 아이 12

핀과의 첫 만남

엄마, 나도 용돈 주세요
정기 용돈 받기 ·················· 18

두근두근, 첫 용돈!
첫 용돈 쓸 곳 고르기 ·················· 26

순식간에 써 버린 첫 용돈
첫 용돈 잘 쓰기 ·················· 30

용돈 잘 쓰기 위해 알아야 할 것들

원래 사려고 했던 거야?
계획대로 소비하기 ·················· 38

용돈을 올려 받고 싶어!
꼭 필요한 물건부터 사기 ·················· 46

할머니는 내 수호천사
특별 용돈 잘 쓰기 ·················· 54

용돈 잘 지키고 모으기

용돈도 지키고 친구도 지키고!
용돈 통제력 연습하기 ·················· 62

용돈 모으는 재미가 쏠쏠
노력 용돈 벌기 ························· 68

4만 원을 모아야 해!
목표 있는 용돈 모으기 ················ 78

용돈 진짜 잘 쓰기

소비가 기부와 투자가 될 수 있다고?
소비, 저축, 투자, 기부 4개의 돈 경험 쌓기 ············ 86

돈쭐 내러 왔습니다
착한 소비 참여하기 ···················· 92

엄마 은행 졸업하기
경제적 자립의 첫 단추 끼우기 ············ 98

 부모 가이드북 | 아이 용돈 교육, 제대로 시작하자!

프롤로그
용돈이 많아질수록 속상한 아이

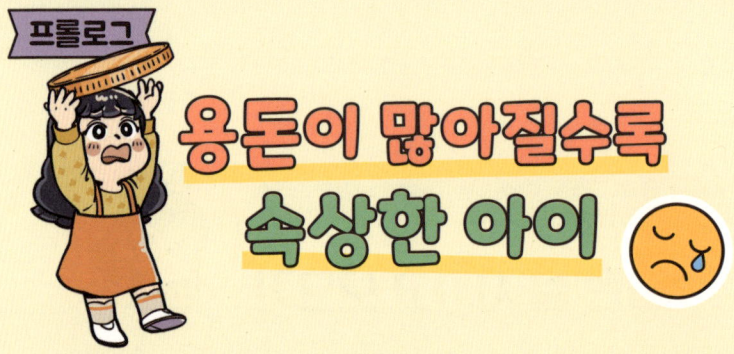

어떤 날은 용돈을 받으면 불쑥 짜증이 나! 용돈 저금통을 보다가 슬금슬금 화도 치솟고. 알아, 이해하기 어렵다는 거. 용돈을 받으면 좋기만 한데 말이야. 사실 나도 작년까지는 그랬어. 초콜릿도 사 먹고 스티커도 사 모으고. 용돈은 내가 원하는 것을 마음대로 살 수 있는 마법 같은 돈이었지.

하지만 지금은 용돈을 받아서 뭐 하나 싶어. 왜 이렇게 시큰둥하게 변했냐고? 아마 너희가 나였어도 마찬가지였을걸(어쩌면 더할지도 몰라 ㅡ.ㅡ). 명절, 어린이날, 생일 등등, 어른들이 주시는 용돈을 단 한 푼도 못 쓰고 계속 계속 계~~~속 저금만 해야 한다면 어떨 거 같아? **분명 내 돈인데 요상하게 내 돈이 아닌 것 같은 용돈** 탓에 나는 속상하고, 약 오르고, 화도 나고, 답답하고, 짜증이 나. **용돈이 많아도 전혀 기쁘지 않아!** 용돈 모으는 거, 더는 못 하겠어.

★달라의 용돈 탐험기★

왜 용돈 모으기가 어려울까?

안녕! 친구들. 친구들도 '용돈 모으기'를 해 봤어? 다들 성공했니? 나는 10살이 되고 나서 처음으로 용돈 모으기를 해 봤는데, 아무래도 그만둬야 할 것 같아. 너무 마음이 힘들지 뭐야. 혹시 아직 용돈 모으기를 안 해 본 친구들이 있다면, 내 실패 경험을 들어 보고 조금이라도 도움을 받으면 좋겠다.

용돈 모으기를 왜 시작했어?

어른들이 설날 세뱃돈을 주신 걸 보고, 엄마가 "달라야, 용돈 모아서 나중에 꼭 필요한 것 사자."라고 말씀하셨어. 처음에는 '좋은 생각' 같았어. 초콜릿이나 젤리를 조금 덜 사 먹고 돈을 아껴서 모으면 되겠다고 생각했거든. 저금통에 돈이 차곡차곡 쌓이는 걸 보면서 왠지 기분도 좋았어. 착한 어린이가 된 것도 같고. '돈을 다 모으면 정말 필요한 물건을 살 수 있겠지.'라고 기대도 됐거든.

그런데 왜 그만두려고 해?

처음 생각보다 더 오래, 더 많은 돈을 모아야 했어. 용돈 모으기를 시작할 때 언제까지, 얼마만큼의 돈을 모을지 정했다면 지금보다는 덜 지쳤을 거 같아. 끝이 안 보이니까 더 힘들었나 싶기도 해.

또 아쉬운 점은 없어?

다시 용돈을 모은다면 '나중에 꼭 필요한 것 사기'처럼 막연한 목표는 안 세울 것 같아. 슬라임 사기, 라벨 프린터기 사기처럼 구체적인 목표를 세울 거야. 그래야 목표 금액도 명확하고 얼마를 더 모아야 하는지도 계산하기 쉽잖아.

✦ 30일 10,000원 모으기 프로젝트 ✦
(_____)의 내가 모은 용돈으로 하고 싶은 것 해 보기!

● 용돈을 모아서 사고 싶거나 하고 싶은 일 써 보기

사고 싶은 것	하고 싶은 일

● 사고 싶거나 하고 싶은 일을 선택하여 필요한 돈 모으기

	사고 싶은 것/ 하고 싶은 일	필요한 돈
1		원
2		원

● 30일 동안 용돈을 모아 보자!

일	월	화	수	목	금	토
월 일	월 일	월 일	월 일	월 일	월 일	월 일
월 일	월 일	월 일	월 일	월 일	월 일	월 일
월 일	월 일	월 일	월 일	월 일	월 일	월 일
월 일	월 일	월 일	월 일	월 일	월 일	월 일
월 일	월 일	월 일	월 일	월 일	월 일	월 일

● 모은 용돈 총액 : _____ 원

● 실제로 어떻게 사용했나? : _____

오늘의 목표 : 정기 용돈 받기

엄마, 나도 용돈 주세요

"달라야, 배 안 고파?"

하굣길에 다정이가 이렇게 말하고는 편의점 안으로 쏙 들어갔어. 어찌나 빠른지 말릴 틈도 없었지. 그때까지만 해도 사실 난 별생각이 없었어.

그런데 "소시지 먹을까? 삼각 김밥 먹을까?" 하는 다정이의 말이 떨어지기가 무섭게 배에서 "꼬르륵~." 소리가 나지 뭐야. 다정이도 들었는지 "너는 뭐 안 먹어?"라고 묻는데, 순간 당황했어. 오늘은 깜박하고 엄마 카드를 두고 나왔거든. 나는 작은 목소리로 "괜찮아."라고 대꾸했지. 다정이는 잠시 머뭇하더니 내게 소시지를 건네며 말했어.

    다정이는 올해부터 매주 3,000원씩 용돈을 받는데, 그 용돈을 어디에 어떻게 썼는지 엄마한테 말할 필요가 없다고 했어. **완전 부러웠어! 마음껏 팍팍 써도 되는 용돈.** 그리고 다 쓰고 나면 일요일에 또 채워지는 '마법의 용돈'. 나도 그런 용돈이라면 얼마든지 받고 싶어졌어.

★달라의 용돈 탐험기★

용돈, 네 정체는 뭐야?

과연 용돈은 뭘까? 왜 똑같은 용돈인데, 내가 그동안 받은 용돈이랑 다정이가 받는 용돈이랑 다르게 느껴질까? 용돈의 정체를 좀 더 깊이 들여다보고 싶어졌어. 친구들은 용돈이 뭐라고 생각해?

- 용돈의 사전적 의미 : 개인이 자질구레하게 쓰는 돈. 또는 특별한 목적을 갖지 않고 자유롭게 쓸 수 있는 돈.

용돈에 대해 생각해 본 적 있니?

주현이의 용돈
어른이 안 사 주는 것을 살 수 있는 돈. 아이돌 스티커, 슬라임 같은 것.

효민이의 용돈
마음껏 쓸 수 없는 돈. 쓰기 전이나 쓰고 나서 확인받는 돈.

유라의 용돈
잘한 일이 있으면 부모님께 상으로 받는 돈.

나는 용돈을 _____ 라고 생각해.

왜냐하면 _____

_____

_____ 때문이야.

엄마와 용돈 협상할 때 써먹으면 좋을 꿀팁

정기 용돈을 받고 싶을 때

정기 용돈을 받고 싶은데, 엄마는 용돈을 줄 마음이 아직 없는 거 같아. 이럴 때 어떤 이야기를 하면 엄마를 설득할 수 있을까?

용돈이 왜 필요하니?

취미 활동에 쓰려고요.

비상금으로 챙겨 두려고요.

경제 관념을 키울 수 있어요.

아직 용돈 받기는 이른 거 아니니?

- 초등학교 입학 전: 4.8%
- 중학교 이후: 13.6%
- 초등 1~2학년: 19.9%
- 초등 5~6학년: 22.5%
- 초등 3~4학년: 39.2%

다른 친구들은 이맘때 용돈을 받아요.

(출처: 『행복한 교육』, 2022년 8월호, 교육부)

우리 생각
용돈을 이렇게 쓰고 싶어!

내가 알아서 내 마음대로 쓰고 싶어.

엄마에게 감시받지 않고 쓰고 싶어.

엄마가 이렇게 써라 저렇게 써라 참견 안 하셨으면 좋겠어.

엄마 생각
용돈을 이렇게 쓰면 좋겠어!

낭비하지 말고 아껴 쓰면 좋겠어. 그럼 잔소리하지 않을 텐데.

엄마가 감시하지 않게 알아서 잘 쓰면 되지 않니? 계획을 잘 세워서 쓰면 누가 뭐래?

참견 안 할 테니 필요한 데 좀 쓰렴.

달라의 생각

그럼 어떻게 쓰면 좋을까?

1. 용돈 기입장을 쓴다. 단, 엄마가 검사하지 않는다.

2. 미리 계획을 세우고 쓴다.

3. 주어진 돈에 맞춰 쓴다.

4. 받은 용돈이 다 떨어졌어도 엄마에게 또 달라고 조르지 않는다.

내 생각

나는 용돈을 이렇게 쓸 거야!

오늘의 목표 : 첫 용돈 쓸 곳 고르기

두근두근, 첫 용돈!

만세, 신난다!

오늘부터 나도 다정이처럼 **'정기 용돈'을 받는 어린이가 됐어.** 내 마음대로 쓸 수 있는 용돈이 일주일에 무려 3,000원이나 생겼지! 용돈을 손에 쥔 순간 어찌나 기쁜지, 찔끔 눈물이 날 뻔했어. 그동안 계속 모으기만 했던 용돈이랑은 차원이 달라. 뭐랄까? '용돈 지옥'에 빠졌다가 겨우 탈출한 느낌이라고나 할까?

앞으로 나는 이 용돈으로 사고 싶은 것, 하고 싶은 것, 갖고 싶은 것을 모두 모두 할 거야. 9살 때처럼! 평소 엄마가 안 사 주시는 슬라임도 사고, 다정이랑 간식도 사 먹고, 우주 최강 빅토리 오빠들 포토 카드도 사고. **헤헤헤, 상상만 해도 행복하잖아!** 게다가 3,000원을 다 써도 일요일에 또 3,000원을 받을 수 있다니…. 용돈을 보기만 해도 저절로 웃음이 나왔어. 이 용돈으로 무엇부터 하면 좋을까?

★달라의 용돈 탐험기★

첫 용돈 어디에 썼어?

첫 용돈을 어디에 쓸지 고민 중이야. 하하하! 진짜 행복한 고민이지? 용돈 생각만 해도 가슴이 두근두근! 자려고 누워도 사고 싶은 것, 하고 싶은 것들이 눈앞에 둥둥. 혹시 친구들은 첫 용돈을 어디에 썼는지 기억나?

호진
친구랑 간식 사 먹었던 것 같아.

다정
작은 수첩을 샀어.

우람
강아지 먹이를 샀어.

지우
나는 오카리나를 샀어.

보라
인기 걸 그룹 오로라 언니들의 응원봉을 샀어.

나는 첫 용돈을 이렇게 썼어!

돈이란 대체 뭘까?

돈 하면 무엇이 떠오르니? 많은 친구가 동전이나 지폐를 떠올릴 거야. 오! 대단하다. 십만 원짜리 수표가 떠올랐다고? 그런데 지금 말한 것들은 돈이라고 하기보다는 물건 따위를 사거나 교환하는 수단인 '화폐'라고 부르는 게 더 정확하단다. 쉽게 말해 돈은 어떤 물건의 가격 또는 가치를 나타내지. 그래서 물건과 물건을 바꾸는 기능을 할 수 있는 거야. 또 재산을 쌓는 수단으로 이용되고. 돈이 어떻게 이런 기능을 갖게 되었는지 아래에서 좀 더 자세히 살펴볼까?

지금처럼 돈이 없을 때 옛날 사람들은 소금, 쌀 등 서로 필요한 물건을 바꾸어서 사용했어. 물건을 물건으로 바꾸는 물물 교환이 이루어진 거지. 그런데 점점 불평이 나오기 시작했어. 물건을 들고 다니기 번거로울 뿐만 아니라 서로 원하는 물건을 딱 맞게 가지고 있을 가능성이 적었거든. 그래서 교환이 쉽도록 화폐가 나오게 된 거야. 금으로 만든 금화, 은으로 만든 은화를 사용하게 되었어.

그런데 금화나 은화도 아주 가볍지는 않았어. 결국 사람들은 더 가벼운 화폐가 있으면 좋겠다고 생각했고 이런 필요에 따라 오늘날의 동전과 지폐가 만들어졌지. 그런데 요즘은 동전과 지폐보다 신용 카드, 체크 카드 같은 새로운 결제 수단이 많이 쓰이고 있어. 하지만 신용 카드를 잃어버리면 피해를 입을 수 있으니까 조심해야 해!

앞으로는 얼마나 더 간편한 형태의 돈이 탄생할까? 네가 생각하는 새로운 돈은 어떤 모습이야?

돈은 크게 다음 3가지 역할을 해!

교환의 기능

사람들 사이의 교환이 쉽게 이루어지도록 도와줘. 화폐라는 매개 수단을 사용하면서부터 물물 교환의 어려움이 크게 줄어들었거든.

가치 척도의 기능

물건의 가치, 물건값을 결정하는 기능을 해. 그래서 사람들은 재화(물건)와 서비스의 가치를 쉽게 비교할 수 있어.

가치 저장의 기능

돈은 지금 사용하지 않고 나중에 필요한 때 물건을 살 수 있는 능력(구매력)을 보증해 주는 역할을 해. 그래서 은행에 돈을 맡겼다가 필요할 때 찾아 쓸 수 있는 거야.

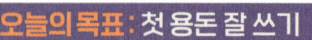 오늘의 목표 : 첫 용돈 잘 쓰기

순식간에 써 버린 첫 용돈

"으아, 속상해!"

거스름돈 800원을 만지작거리다가 나도 모르게 이 말이 툭 터져 나왔어. 다정이랑 삼각 김밥을 사 먹은 게 속상하다는 말은 절대 아니야. 그냥 순식간에 써 버린 내 돈, 눈 깜짝할 사이에 사라진 내 첫 용돈 때문에 아쉬워서 그랬어.

첫 용돈을 정말 잘 쓰고 싶었거든. 그래서 어디에 쓸까 잔뜩 고민한 거고. 분명 내가 쓴 게 맞는데, 꼭 누가 내 용돈을 훔쳐 간 것 같은 이 억울한 기분은 뭐지? 대체 왜 이런 마음이 들까?

바로 그때였어. 어디선가 카랑한 목소리가 들려왔지.

"쯧쯧, 미리 계획하고 용돈을 썼으면 그런 후회는 안 할 텐데."

누, 누구지? 어떻게 내 속마음을 알아챈 거야? 설마 귀신? 움찔 놀라서 주먹을 꽉 쥐었더니, "아이코, 숨 막혀." 이러면서 동전 하나가 내 손가락 사이로 빼꼼 얼굴을 내밀었어. 맙소사! 이게 뭐야?

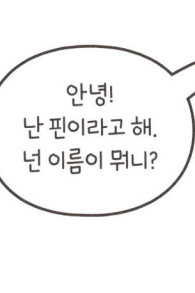

안녕! 난 핀이라고 해. 넌 이름이 뭐니?

 ★달라의 용돈 탐험기★

왜 용돈은 눈 깜짝할 사이에 사라질까?

나만 그런 거 아니지? 용돈을 펑펑 쓴 건 절대 아닌데, 왜 용돈은 금세 사라지는 걸까? 어떡하면 줄줄 새는 용돈을 잘 관리할 수 있을까?

 용돈이 금방 바닥나는 가장 큰 이유는 계획하지 않은 소비를 반복하기 때문이야. 어쩌다 들른 편의점에서 사 먹는 간식이나 무인 매장에서 무심코 산 예쁜 볼펜처럼 원래 사려고 계획하지 않았는데, 갑자기 사고 싶은 마음이 들어 소비한 물건들만 줄여 봐. 용돈을 지키기가 훨씬 쉬울 거야. 광고를 보거나 물건을 구경하다가 갑자기 사고 싶어져 물건을 사는 충동구매부터 막아 보자.

어머나! 그동안 한 소비 가운데 충동구매가 정말 많았잖아?

핀이 알려 주는 경제 용어

밴드 왜건은 원래 서양의 축제나 행사에서 행렬의 맨 앞에서 음악대를 이끌던 차를 말했어. 밴드 왜건이 음악과 함께 등장하면, 사람들은 자연스럽게 뒤를 따랐지.

그래서 사람들을 따라오게 하는 기능을 소비에 덧붙여 요즘은 '동조 소비'를 뜻하는 말로 자주 쓰여. 쉽게 말해 남을 따라 덩달아 사는 소비를 뜻하지. 줄이 아주 긴 음식점을 맛집이라고 생각하거나 유행하는 아이템을 사고 싶은 마음 등을 통틀어 밴드 왜건 효과라고 볼 수 있어.

충동구매의 유혹에서 벗어나자

주변을 잘 살펴보면, 충동구매를 부르는 유혹이 참 많다는 것을 알 수 있어. 그동안 우리가 어떤 유혹에 빠졌는지 알아볼까?

소비를 부추기는 광고

1+1 상품

밴드 왜건

수집 욕구

각종 이벤트 데이

시크릿 박스

핀이 알려 주는 용돈을 모으는 아주 작은 습관 ❶

용돈을 '잘' 쓰기 위한 마법의 5단계

어른들은 용돈을 주면서 흔히들 "용돈 잘 써라.", "용돈을 아껴 쓰면 좋겠다."라는 말씀을 덧붙이시지. 그런데 용돈을 잘 쓴다는 것이 용돈을 한 푼도 안 쓰고 무조건 아끼기만 해야 한다는 뜻은 아니야. 용돈을 쓰되 어디에 어떻게 사용할지 미리 계획을 세우고 실제로 그 계획대로 용돈을 쓰면 '잘 쓴 용돈'이 되는 거야.

핀의 O× 퀴즈

다음 중 용돈을 잘 쓴 달라는 누구일까요?

사야 할 것도 안 사고
용돈 한 푼 안 쓴 달라

계획대로 용돈을
다 쓴 달라

생각보다 용돈 잘 쓰는 법이 쉽다고? 계획대로 돈을 쓰기만 하면 되는데, 못 할 이유가 없겠다고? 쉽고 간단한 일처럼 보이지만 계획을 세우고 실천하는 일은 생각보다 어려워. 습관이 되지 않으면 매일 꾸준히 해 나가기가 정말 힘들거든. 충동구매를 억누르는 일 하나만 봐도 만만찮잖아. 그래서 어른들도 계획에 맞춰 돈 쓰는 일을 많이 힘들어하곤 해.

그렇다고 미리 걱정부터 하지는 마! 어릴 때부터 매일 조금씩 연습하면 계획대로 돈 잘 쓰는 습관이 몸에 익거든. 앞으로 용돈을 쓰기 전에 내가 알려 주는 아래의 5단계를 찬찬히 따라 해 봐. 어느새 '용돈 잘 쓰는 아이'로 성장해 있을걸.

1단계 용돈을 쓰기 전에 미리 계획을 세운다.

2단계 계획하지 않은 소비는 되도록 하지 않는다.

3단계 사고 싶은 물건이 생기면 필요한지부터 따져 본다.

4단계 미래에 필요한 지출을 위해 용돈의 일부를 모은다.

5단계 1-4단계를 반복하면서 건강한 용돈 습관을 기른다.

2장

용돈 잘 쓰기 위해 알아야 할 것들

오늘의 목표 : 계획대로 소비하기

원래 사려고 했던 거야?

히잉, 사실은 말이야….

무인 매장에 들어서자마자, 다정이와 나는 약속이나 한 듯 슬라임 진열대로 달려갔어. 요즘 우리는 말캉말캉하고 잡아당기면 쭉쭉 늘어나는 슬라임의 매력에 폭 빠졌거든(그래서 첫 용돈을 받았을 때, 슬라임을 사 볼까도 고민했던 거야.).

그런데 이게 뭐야? '오늘의 반짝 세일. 슬라임 700원!' 다정이는 곧바로 하트 눈이 되어서 계산대로 돌진했어. 나도 마음이 설렁설렁 흔들렸지. 평소보다 확실히 싼값이잖아. 다정이 말마따나 이번 기회를 '놓치면 바보'였어.

그런데 결국 나는 기회를 놓친 바보가 됐어. 이유는 바로 이 녀석, 핀 때문이야. 막 계산하려고 지갑을 열었는데, 핀이 고개를 쏙 빼고 이러는 거야.

"오, 슬라임 사려고? 쫀득쫀득 재밌겠다."

핀도 좋아하는 걸 보니, 잘한 선택이었나 봐. 헤헤헤, 둘이 같이 갖고 놀 생각에 신이 났어. 그런데 그때 핀이 슬그머니 이렇게 물었어.

"달라야, 이거 원래 사려고 했던 거야?"

워… 원래? 순간 어제 핀과 한 약속이 떠올랐어. 계획한 것만 사기! 휴, 까닥했으면 슬라임 하나 사고, 일주일 내내 핀의 구두를 닦을 뻔했지 뭐야.

핀과의 돈 공부 규칙

'핀'은 퍼핀월드에 사는데, 나처럼 첫 용돈을 날리는 어린이가 많아지자 속이 터져서 이 세상에 출동했대. 앞으로 내 용돈 파트너로서 용돈 관리를 잘할 수 있도록 도와줄 거래. 자기 말만 잘 들으면, '우주 최강 부자'도 될 수 있다나. 허풍 대마왕 같지만 일단 믿어 보기로 했어.

하지만 세상에 공짜는 없는 법!
핀은 내게 용돈 공부를 시켜 주는 대신 다음과 같은 규칙을 따라야 한다고 했어.

> 남달라는 슈퍼울트라캡짱
> 최강 멋쟁이 핀 님과의 약속을
> 까먹거나 어길 시 핀 님이 주는
> 그 어떤 벌칙도 불평 없이 받는다.
> 예> 꿀밤, 토끼뜀, 오리걸음을 비롯한
> 세상의 모든 벌칙. 남달라가 가장
> 좋아하는 파란 운동화 1주일 동안 못
> 신기, 핀의 구두 먼지 털기 등을 포함함.

핀과 달라의 약속 ❶

계획한 것만 사기

"속상하겠다. 하지만 괜찮아! 앞으로 안 그러면 되잖아." 첫 용돈을 날린 좌절의 순간, 짜잔 하고 나타난 핀이 나를 위로해 줬어. 세상에나, 동전에게 위로를 받을 줄이야ㅠㅠ. 깜짝 놀라긴 했지만 정말 고마웠어. 그래서 기꺼이 '말하는 동전, 핀'이랑 용돈 공부를 하기로 결심했지. 핀은 자기랑 한 작은 약속을 하나씩 지켜 나가기만 하면 저절로 돈 공부가 될 거랬어. 일단 '계획한 것만 사기'부터 도전해 보기로 했어.

방법은 아주 간단해! 말 그대로 미리 계획한 것만 사면 돼. 계획하지 않은 것은 안 사면 되는 거야! 어떻게 행동해야 할지 잘 모르겠다면 아래 방법대로 따라 해 봐.

이 약속을 어길 시 일주일 동안 핀의 구두를 닦기로 했어.

① <u>책상 서랍, 책가방 등에서 굴러다니는 작은 수첩을 하나 찾는다</u>
② <u>수첩에 사고 싶은 것을 하나하나 적는다</u>

지금 1~2개밖에 생각 안 나면 그것만 적어도 돼. 나중에 또 추가하면 되니까. 그리고 사고 싶은 것을 되도록 구체적으로 적는 게 좋아. 예를 들어 간식보다는 음료수나 빵, 학용품보다는 지우개라고 적는 거지. 그리고 지금 내게 얼마나 필요한 물건인지도 표시해 보자.

사고 싶은 것	얼마나 필요한가?
	☆☆☆☆☆
	☆☆☆☆☆
	☆☆☆☆☆
	☆☆☆☆☆

소비 계획표라고 해.

*지금 당장 필요하면 별 5개, 없으면 불편하지만 참을 수 있다면 별 3개, 갖고 있으면 좋지만 없어도 괜찮으면 별 1개. 이런 방법으로 표시하기!

③ 수첩에 적지 않은 물건은 되도록 사지 않는다

소비 계획표를 작성한 날부터 1주일(또는 2주일)이 지나고 난 뒤에 원래 계획과 실제로 산 물건을 확인해 보는 거야.

> 소비 점검표라고 해.

실제로 산 물건	원래 사려고 계획했나?
	네 / 아니오
	네 / 아니오
	네 / 아니오
	네 / 아니오
	네 / 아니오
	네 / 아니오

어때? 실제로 산 물건을 보니까 미리 계획하지 않은 물건을 산 경우도 꽤 많지? 처음에는 귀찮겠지만 소비 계획표와 소비 점검표를 꾸준히 기록해 봐. 작은 일이지만 계속 반복하다 보면 나에게 꼭 필요한 물건과 그렇지 않은 물건을 구별하는 눈을 키울 수 있어. 또 '좀 더' 필요한 물건부터 구입하고 '좀 덜' 필요한 물건은 나중으로 소비를 미루는 좋은 습관도 싹틀 거야. 이렇게 매일 연습하면 용돈이 펑 하고 사라지는 일을 막는 건 물론이고, 어느 날부터는 용돈이 남는 놀라운 경험을 할 수 있을 거야.

> 미리 계획하지 않았는데, 갑자기 사고 싶은 물건이 생기면 마지막에 이렇게 물어볼래? "원래 사려고 했던 거야?"

무인 매장에서 지켜야 할 규칙

난 무인 매장에 가는 걸 좋아해! 아이스크림, 장난감, 문구 등 어린이가 좋아하는 물건이 가득하잖아. 또 지켜보는 사람이 없어서 편히 쇼핑할 수도 있고.

하지만 착각이나 실수가 도난 사건으로 이어지는 일도 꽤 많은 것 같아. 실제 우리 반 친구도 계산했다고 착각해서 물건을 가져온 일이 있었거든. 훔칠 마음은 전혀 없었대.

맞아. 아직 돈을 써 본 경험이 적어서 실수했을 거야. 그래서 처음에는 이용 방법도 배울 겸 부모님과 함께 무인 매장에 가 보는 게 좋을 것 같아. 또 실수로 물건을 갖고 나왔을 때는 바로 부모님께 말씀드리도록 하자.

핀이 떠먹여 주는 뉴스 한 스푼

2021년 3월부터 2022년 6월까지 우리나라에서는 총 6,344건 (하루 평균 13건)의 무인 매장 대상 절도 사건이 발생했다.
(경찰청, 2022)

무인 매장에서 꼭 필요한 바코드

바코드는 흔히 우리가 사는 물건의 포장이나 꼬리표에 표시된 검고 흰 줄무늬를 가리켜. 제조 회사, 물건 가격 따위의 정보를 담은 기호로, 계산대의 바코드 스캔기로 관련 정보를 읽어 낼 수 있지. 우리나라에서는 총 13개의 숫자로 이루어진 바코드를 사용한대.

880 우리나라를 뜻해요.

4자리 제조 회사를 알려 줘요.

5자리 상품의 종류, 가격 등을 담았어요.

체크 숫자 실제로 계산할 때 오류가 생기지 않도록 막기 위해 일부러 덧붙인 숫자예요.

내 소비 습관 점검하기

소비 계획표와 소비 점검표를 꾸준히 기록하기만 해도 스스로의 소비 습관을 파악할 수 있어. 그런데 조금 더 자세히 소비 습관을 점검해 보고 싶다면 아래의 순서도를 활용해 보는 것도 좋을 것 같아.

시작
⬇
준비물: 용돈(매주 3,000원), 용돈 기입장 (용돈 계획하기, 꼭 필요한 물건 적기)
⬇
매주 용돈 3,000원을 받는다.
⬇
미리 계획한 대로 소비한다. 
⬇
소비하고 남은 돈을 모은다.

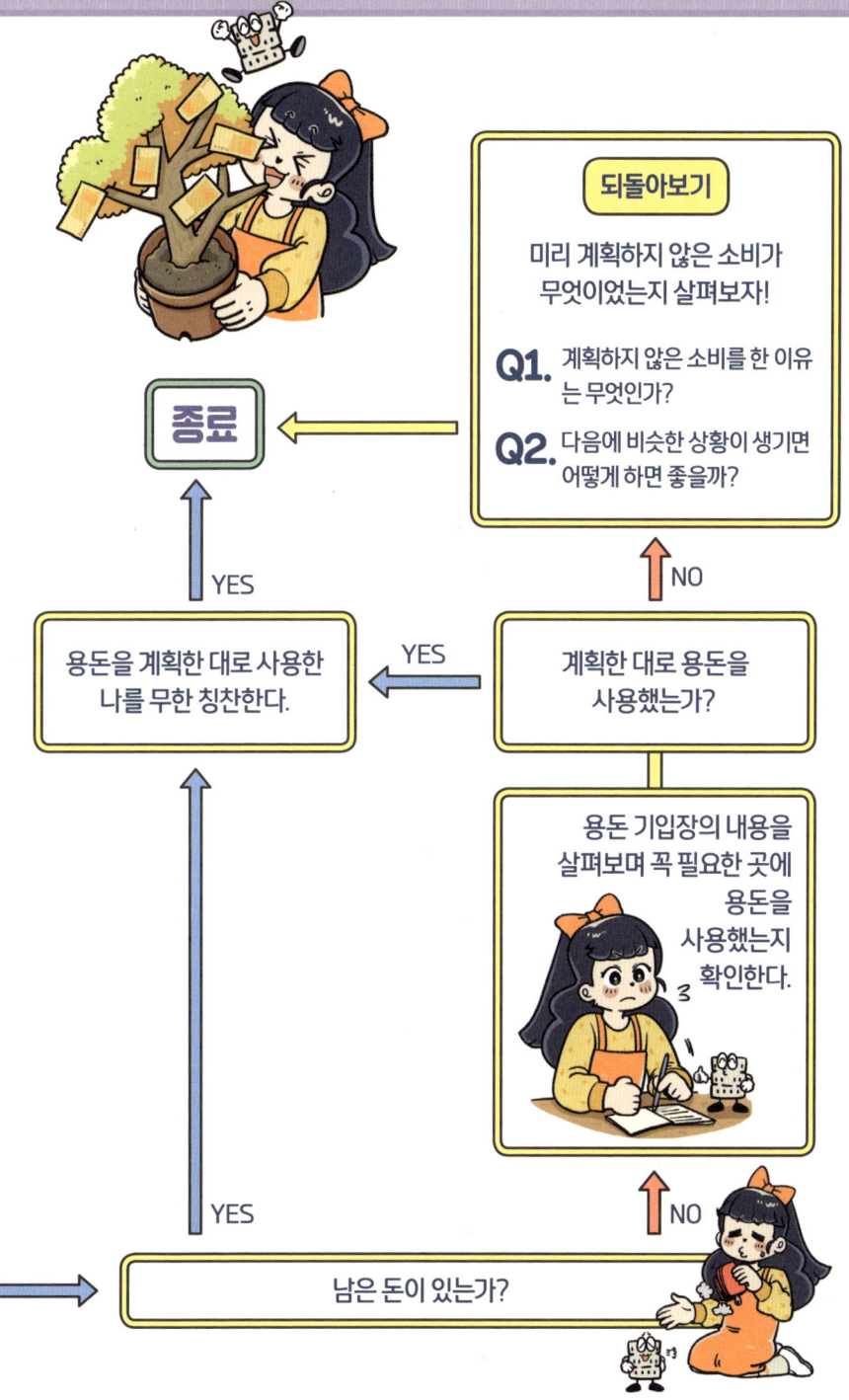

오늘의목표 : 꼭 필요한 물건부터 사기

용돈을 올려 받고 싶어!

 달라야, 왜 그래? 장미꽃이 마음에 안 들어?

 아니, 꽃은 예뻐. 할머니도 좋아하실 것 같아. 그런데 꽃을 사고 나니까 용돈이 한 푼도 안 남았어.

 원래 할머니 선물을 사는 데 이번 주 용돈을 다 쓰기로 계획한 거잖아.

 응. 하지만 아까 친구들이 포토 카드를 가져온 걸 보니까 나도 빅토리 오빠들 카드가 갖고 싶어졌어. 엄마가 용돈을 충분히 주셨다면 할머니 선물도, 카드도 다 살 수 있었을 텐데.

 글쎄, 과연 '충분한 용돈'이 있을까? 용돈을 올려 받아도 금세 또 부족하다고 느낄 것 같은데. 돈이 아무리 많아도 사람은 자기가 가진 돈에 만족하기가 어렵거든.

왜 용돈은 늘 부족할까?

왜 이렇게 씩씩대냐고? 아까 핀의 말 못 들었니? 나를 무슨 놀부 취급하잖아. 내가 가져도 가져도 만족하지 못하는 욕심쟁이처럼 보이냐? 나는 그저 일주일에 딱 1,000원만 올려 받고 싶었을 뿐이야. 그럼 평소에 필요한 것도 사고 친구 생일이나 체험 학습처럼 특별한 날에도 돈이 부족할 일은 없을 것 같은데….

아까 네가 용돈을 올려 받아도 내가 만족하지 못할 거라면서!

아이코, 그래서 화난 거야? 오해야, 오해!
나는 희소성에 대해 말한 것뿐인데.

희소성? 그게 뭔데?

쉽게 말해 희소성은 매우 드물고 적은 상태를 뜻해. 예를 들어 빅토리 오빠들 포토 카드가 세상에 딱 10개뿐이라고 생각해 봐. 너도나도 갖고 싶다고 야단일 테니 엄청 희귀해지겠지. 이럴 때 희소성이 높다고 하는 거야.

 희소성이 무엇인지는 확실히 알았어. 그런데 그게 나를 욕심쟁이 취급한 거랑 무슨 상관있는 거야?

 남달라! 언제까지 삐죽댈 거야? 이제 오해 좀 풀어라, 제발~.

 흥, 내버려 두셔.

 암튼 내 말은 돈도 포토 카드처럼 희소성이 있다는 거야. 사람의 욕심은 끝이 없지만 돈은 그 양이 정해져 있으니까. 그래서 아무리 돈이 많은 부자도 갖고 싶은 것, 하고 싶은 것을 다 하기 어렵다는 뜻이었어. 용돈의 액수를 늘리는 것보다는 받은 용돈 안에서 잘 쓰는 법을 배우는 것이 훨씬 더 중요하지 않을까?

핀과 달라의 약속 ❷

꼭 필요한 순서대로 사기

'어떡하면 부족한 용돈을 잘 쓸 수 있을까?' 정기 용돈을 받기 시작하면서부터 가장 많이 한 고민이야. 핀에게 방법을 물었더니, "꼭 필요한 것부터 사고, 꼭 하고 싶은 일부터 하면 돼!"라고 대답했어. 뻔한 대답이잖아. 왠지 실망스러웠어. 그때 핀이 "뻔한 일을 뻔하지 않게 만드는 비밀이 실천"이라고 덧붙였어.

이 약속을 어길 시 달라는 꿀밤 3대를 맞기로 했어.

 아래 방법대로 꾸준히 연습하면 용돈을 좀 더 지혜롭게 관리할 수 있을 거야.

① 물건을 사기 전에 꼭 필요한 것인지 스스로에게 물어본다

그동안 꼭 필요하지 않은데 그냥 예뻐서, 친구들이 사서 등의 이유로 샀던 물건이 꽤 많았어. 예를 들어 샤프가 없어서 수업 시간에 배우는 내용을 적을 수 없을 때 샤프를 사는 것은 '꼭 필요한 것'을 사는 거야. 하지만 샤프가 있는데도 모양이 예뻐서 사는 일은 앞으로 하지 말자는 거지.

② 둘 다 꼭 필요한 것일 때는 우선순위에 따라 산다

예를 들어 수첩을 다 써서 새 수첩이 꼭 필요한데, 마침 오늘이 친구 생일이야. 친구들은 어떡할 거야? 엄청 고민하다가 결국 친구의 생일 선물을 샀다고? 수첩을 사느라 선물을 못 주면 마음이 불편할 테니까. 물론 다른 선택을 한 친구도 있을 거야. 수첩부터 사고 친구 생일 선물은 다음에 주어도 된다고 생각할 수도 있으니까. 사람마다 선택의 기준은 달라! 내가 무엇을 우선으로 생각하는지 잘 생각해 보고 결정하면 돼.

핀과 함께 도전!

스스로가 기쁜 선택하기

우리는 매일매일 선택을 하고 살아. 선택해 본 경험이 별로 없다는 친구들은 아마 엄청 중요한 결정만 선택이라고 오해해서 그럴 거야. 우리가 평소에 어떤 선택을 하고 지내는지 살펴볼까?

생각보다 많은 선택을 하고 있지? 어떤 때는 선택을 잘해서 만족스럽고, 어떤 때는 선택을 잘못해서 후회를 하기도 해. 우선순위를 잘못 생각하면 후회하는 선택을 하기 쉽대. 앞으로는 내가 무엇을 중요하게 생각하는지 잘 들여다보고 스스로가 기쁜 선택을 하는 연습을 꾸준히 해 봐야겠어.

핀이 알려 주는 용돈을 모으는 아주 작은 습관 ②

나를 잘 알기 위해 쓰는 용돈 기입장

친구들, 용돈 기입장을 써 봤어? 어때? 잘 써져? 처음에 나는 용돈 기입장을 쓰는 게 영 귀찮았어. 대체 왜 쓰나 싶었지. 용돈 기입장을 쓴다고 돈이 다시 돌아오는 것도 아니고 말이야. 그래서 슬그머니 며칠을 건너뛰었어. 달라질 게 뭐 있나 싶었거든.

그런데 핀이 새로 용돈을 받는 날, "달라야, 지금 용돈이 얼마나 있어?"라고 묻더라. 완전 당황했어. 우물쭈물하며 대답을 못 했지.

 달라야, 용돈 기입장은 이래서 쓰는 거야.

① 네가 용돈을 어디에서 제일 많이 쓰는지, 얼마만큼 쓰는지 알 수 있어

네가 자주 가는 곳, 네가 좋아하는 물건 등을 확인해 볼 수 있잖아. 요즘 뭘 좋아하는지, 무엇에 관심을 갖는지 다 써 있으니까.

② 용돈의 흐름을 추적할 수 있어

네 용돈이 어디서 어떻게 사라지는지 한눈에 알 수 있어. 과소비, 충동구매 등의 안 좋은 소비 습관이 있는지도 확인해 볼 수 있지.

 용돈 기입장만 잘 쓰면, 내가 나에 대해서 더 잘 알 수 있는 기회가 될 수 있겠다.

친구들도 아래의 용돈 기입장을 쓰며 스스로 어떤 사람인지 찬찬히 알아보기로 해!

_____ 의 용돈 기입장

이번 주에 꼭 하고 싶은 일:

이번 주에 꼭 사야하는 것:

날짜	내용	들어온 돈	나간 돈	남은 돈

이번 주 총 지출액: 이번 주 남은 돈:

이번 주에 용돈으로 한 일 중 가장 잘한 일:

이번 주에 용돈으로 하지 못한 일 중 가장 안타까운 일:

하나를 선택하는 대가로 포기하는 다른 것을 기회비용이라고 해!

🌵 **오늘의목표** : 특별 용돈 잘 쓰기

할머니는 내 수호천사

"아이고, 우리 강아지. 잘 지냈니?"

할머니 목소리를 듣자마자 쪼르르 달려가 안겼어. 세상에서 내가 가장 좋아하는 우리 할머니. 엄마 아빠도 이해 못하는 내 마음을 어쩜 그렇게 잘 알아주시는지…. 어떤 때는 내가 아무 말 안 하고 가만있는데도 "우리 달라, 공부하느라 힘들지?" 이러시는데 울컥 눈물이 나온 적도 있어.

오늘도 할머니는 마법처럼 내 마음을 알아채셨어. 엄마가 잠깐 마트에 간 사이에 "우리 강아지, 먹고 싶은 거 사고 싶은 거 얼마나 많을 거야. 친구들 다 사는데 기죽지 말고 너도 사." 이러시면서 엄마 몰래 용돈을 무려 2만 원이나 주셨어.

우아, 신난다! 이 돈이면 오늘 당장 빅토리 오빠들의 에코 백을 살 수 있잖아. 매주 정기 용돈에서 1,000원씩 떼어 10주 동안 꼬박꼬박 모아서 에코 백을 살 계획이었는데. 할머니의 특별 용돈 덕분에 단번에 해결됐네. 정기 용돈도 그대로 쓰고, 만 원짜리 에코 백도 바로 살 수 있고. 게다가 더 좋은 건 에코 백을 사고도 만 원이 남는다는 거야. **할머니는 분명 내 수호천사가 틀림없어.**

> 정기 용돈 말고 할머니, 이모, 삼촌같은 친척들이 가끔 주시는 용돈을 특별 용돈이라고 해.

★달라의 용돈 탐험기★

같은 돈인데 왜 다르게 느껴질까?

10주 동안 1,000원씩 저축해서 만 원을 모으려고 계획했을 때는 만 원이 엄청 큰돈이었거든. 그런데 할머니가 주신 2만 원은 만 원의 2배인데도, 그다지 큰 돈 같지 않네. 대체 왜 그럴까?

 분명 똑같은 금액인데, 왜 네 마음속 가치가 다른지 알고 싶은 거야?

 어, 바로 그거야! 내 맘을 어떻게 그렇게 잘 아니?

 하하하! 달라야, 너 혹시 길에서 우연히 돈 주워 봤니?

 응, 500원. 그때 완전 신기했어. 하늘에서 공돈이 떨어진 거잖아. 신나서 곧바로 젤리 사서 다정이랑 나눠 먹었어.

만약 그게 정기 용돈을 아껴서 모은 500원이었다면 어땠을까? 바로 간식을 사 먹을 수 없었을까?

 으음, 그렇게 후다닥 사 먹지는 못했을 거 같아….

 맞아, 어른들도 그래. 1달 동안 열심히 일해서 번 월급 100만 원이랑 우연히 복권에 당첨되어 받은 100만 원이랑 다르게 생각하는 일이 많거든. 그래서 보너스나 복권 당첨금 등은 낭비하는 일이 자주 일어나지. 흔히 이런 상황을 심리적 회계, 심적 회계라고 하는데, 쉽게 말해서 돈을 대하는 '마음의 계산법'이 다른 거라고 생각하면 돼.

 그럼 어떡하면 공돈을 제대로 잘 쓸 수 있을까?

 어차피 네가 모은 용돈이나 공돈이나 돈의 액수는 같은 거잖아. 그러니까 모든 돈을 네가 모은 용돈이라고 생각하는 거야. 그러면 아껴 쓰려고 노력하지 않을까?

 응. 앞으로 공돈을 쓰고 싶은 유혹을 이기지 못할 것 같으면, 아예 저금통에 넣어 버릴까 봐. 원래 없던 돈이니까 저금해도 아무 문제없잖아.

 오, 기특하네. 용돈 모으기를 싫어하던 남달라가 이렇게 달라질 줄이야!

특별 용돈을 지키자!

달라는 앞으로 특별 용돈을 잘 모아 두었다가 특별한 곳에 쓰기로 결심했대.
참고로 에코 백은 계획대로 정기 용돈을 모아서 산다나.
그래야 좀 더 뿌듯하고 쓸 때마다 소중히 대할 것 같다는데, 완전 기특했어!
친구들도 달라처럼 용돈 모으는 재미를 느껴 볼래?

① 저금통을 구해라!

용돈을 모아서 쓸 곳을 결정하고 나니, 빨리 저금통부터 구하고 싶어졌어. 어머나! 그런데 가게에서 파는 저금통 가격이 무려 2,000원이잖아. 돈이 아깝다는 생각이 들었어. 그때 핀이 내 마음을 귀신처럼 알고는 이러는 거야.

"달라야, 우리 저금통을 직접 만들어 볼래?"

> 특별 용돈을 모아서 빅토리 오빠들 콘서트 표를 사겠다는 건 안 비밀!

② 재활용 저금통을 만들어 봐

생수병이나 카페에서 음료수를 포장해 온 플라스틱 컵만 있으면 얼마든지 멋진 저금통을 만들 수 있어.

만드는 방법
① 생수병, 플라스틱 컵 등을 구한다.
② 스티커, 색깔 펜 등으로 꾸민다.
③ 저금통에 이름을 붙인다.
(예: 저축, 투자, 소비 또는 가족 생일, 꿈 등)
④ 저금통의 개수를 늘려 나간다.

> 겉이 투명해서 돈을 얼마나 모았는지 한눈에 알 수 있지. 게다가 환경도 지킬 수 있잖아.

③ 내 이름으로 된 통장 만들기

저금통 말고 은행에 직접 가 내 명의의 통장을 만들 수도 있어. 하지만 혼자서 통장을 만들려면, 만 14세가 넘어야 해.

부모님(보호자)과 함께 가면 금방 통장을 만들 수 있단다.

만 14세 미만의 친구들이 통장 만들 때 꼭 챙겨야 할 준비물

- 부모님!
- 부모님 신분증, 내 도장
- 가족 관계 증명서(통장 주인 기준), 기본 증명서(상세)

▷ 해당 서류는 대법원 전자가족관계등록시스템 (https://efamily.scourt.go.kr)에서 발급받을 수 있음.
▷ 최근 3개월 이내에 발급받은 서류가 필요함.
▷ 서류에 주민 등록 번호가 모두 나와야 함.
▷ 은행마다 기준이 다르니 가기 전에 확인해 봐야 함.

만 나이 계산법

만 나이는 태어난 날로부터 1년이 지난 상태를 말해. 그때 만으로 1살이 되었다고들 하지. 예를 들어 태어난 날이 2013년 5월 5일이라면, 1년이 지난 2014년 5월 5일이 만 1세가 되는 거야. 만 14세가 되는 때는 2027년 5월 5일이지.
만 나이가 궁금하면, 인터넷에 만 나이 계산기를 검색해 보렴.

 핀의 짤랑짤랑 머니 퀴즈

다음 중 통장에 용돈을 모으면 좋은 점을 모두 고르시오. (,   ,   )

① 내가 모으는 돈의 정확한 액수를 알 수 있다.
② 저금통에 모아 두면 절대 못 받는 이자를 받을 수 있다.
③ 엄마로부터 나의 세뱃돈을 안전하게 지킬 수 있다.
④ 지름신으로부터 내 용돈을 잘 지킬 수 있다.

3장

용돈 잘 지키고 모으기

 오늘의 목표: 용돈 통제력 연습하기

용돈도 지키고 친구도 지키고!

아이들과 헤어져 혼자 터벅터벅 걸어가는데, 핀이 슬며시 말을 걸었어.

"왜 친구들이랑 떡볶이 안 먹고?"

"그냥…. 별로 먹고 싶지 않았어."

"에구, 그렇게 끙끙대다가 속병 생긴다. 나 같으면 벌써 주현이한테 말했겠다."

암튼 눈치 하나는 세계 최고라니까. 주현이 때문에 속상한 거 어떻게 알았지? 다정이도 모르는 일인데….

그때 주현이는 작은 목소리로 이렇게 말했다.

"달라야, 천 원만 빌려줄래? 내일 꼭 갚을게."

내일 준다는 말을 철석같이 믿었다. 그런데 아직까지도 돈을 안 갚았다! 나는 속이 까맣게 타들어 가는데, 주현이는 내 마음을 전혀 모르는 것 같았다. '나한테 돈 빌려 간 일 자체를 잊어버렸나?'라는 생각마저 들었다. 속마음 같아서는 "먼저 빌려 간 천 원부터 갚아 줘."라고 말하고 싶지만 서먹해질까 봐 아무 말도 못 하겠다. 나도 내가 너무 답답하다!

용돈을 빌려준 적 있어?

주현이에게 용돈을 괜히 빌려준 것 같아. 처음부터 돈이 없다고 말할걸. 용돈을 돌려받지 못한 것도 속상하지만 친구까지 잃어버린 것 같아서 정말 후회가 돼. 친구들이 나라면 어떨 것 같아?

나도 돈 달라는 말을 제대로 못할 것 같아. 말을 잘못해서 친구랑 사이가 틀어지면 어쩌나 걱정되거든.

나는 주현이에게 슬며시 용돈 기입장을 보여 줄 것 같아. 아이스크림 가게에서 돈 빌려준 일을 자연스럽게 알려 주는 거지.

5월 3일
· 아이스크림 사 먹음
  -1000원
· 주현이에게 돈 빌려 줌
  -1000원

나는 아이스크림 가게 앞을 지날 때, "아! 맞다. 지난주에 우리 아이스크림 사 먹었지." 이러면서 주현이가 그날 일을 기억할 수 있도록 말을 꺼내 볼래.

나는 솔직하게 물어볼 것 같아. 주현이가 정말로 돈을 빌려 간 사실을 잊었을 수도 있잖아.

지혜롭게 돈 잘 주고받는 법

달라는 주현이와의 일이 너무 힘들었대. 차라리 친구한테 돈을 빌려주지 않겠다고 하더라. 그런데 그게 과연 똑똑한 선택일까?

달라야, 속상한 건 잘 알겠어. 그런데 친구가 정말 필요해서 도와 달라고 부탁했는데, 거짓말로 돈이 없다고 말하면 네 마음이 편할까?

얌체같이 보이는 거 알아. 하지만 돈을 못 받아서 속만 태우는 것보다는 나을 것 같아.

음, 친구와 돈을 주고받는 일은 어른들도 어려워하는 일이야. 너랑 똑같이 친구도 잃고 돈도 잃을까 봐 걱정이 되거든. 이번 기회에 돈을 잘 빌려주고 잘 받는 법을 연습해 볼까?

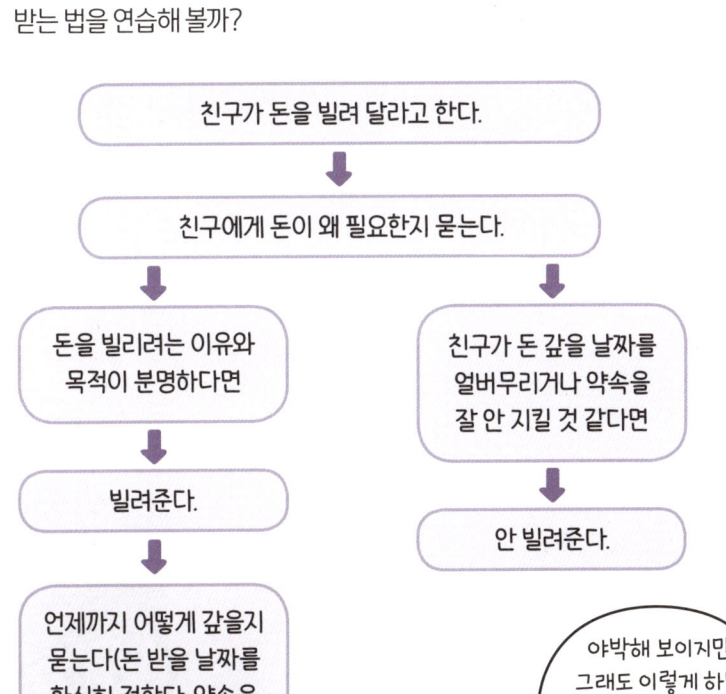

친구가 돈을 빌려 달라고 한다.
↓
친구에게 돈이 왜 필요한지 묻는다.
↓
- 돈을 빌리려는 이유와 목적이 분명하다면 → 빌려준다. → 언제까지 어떻게 갚을지 묻는다(돈 받을 날짜를 확실히 정한다. 약속을 어길 시 어떻게 할지도 이야기한다.).
- 친구가 돈 갚을 날짜를 얼버무리거나 약속을 잘 안 지킬 것 같다면 → 안 빌려준다.

*친구가 진짜로 돈을 못 갚을 경우에는 어른들께 도와 달라고 말한다.

야박해 보이지만 그래도 이렇게 하면 최소한 속상하지 않고 돈을 주고받을 수 있을 거야.

★ 돈과 함께 자라는 달라 ★

 요즘 주현이와의 사이는 좀 어때?

 여전히 서먹하긴 해. 하지만 지난번에 너랑 이야기하고 내 마음이 조금 가벼워졌어. 나도 주현이가 돈을 빌려 달라고 했을 때 미리 확인하지 못한 부분이 있었으니까. 주현이만의 잘못은 아니라는 생각이 들어.

 그럼 이렇게 하는 건 어때? 아예 돈은 못 받는다고 생각하고, 주현이의 마음만이라도 알아보는 거야.

 글쎄, 그러다가 괜히 사이만 더 멀어지는 건 아닐까?

 지금 너를 봐! 이래도 저래도 마음이 불편하잖아. 우리는 누구나 오해나 실수 없이 세상을 살아가기를 소망해. 하지만 너도 알다시피 가족, 친구 사이에서 뜻하지 않게 갈등을 겪는 일은 피할 수 없잖아. 나는 이번 일을 통해서 네가 친구와의 관계를 잘 맺는 연습을 해 봤으면 좋겠어.

 으아, 어렵다! 사실은 그냥 모른 척 넘어가고 싶은 마음 반, 주현이 마음을 알아보고 싶은 마음 반이야. 조금만 더 고민해 볼게.

우리는 살아가면서 크고 작은 선택을 해! 그때마다 좋은 선택을 하려고 애쓰지만 선택의 결과는 아무도 알 수 없어. 그렇다고 아무 선택도 안 하고 살 순 없단다. 선택을 할 경우의 좋은 점과 나쁜 점을 꼼꼼히 따져 보고 결정하면 좋겠어.

달라가 주현이에게 물어봤을 때

최고의 상황
주현이는 정말 돈 빌린 일을 까맣게 잊고 있었다. 미안하다고 사과하고 돈을 갚았다.

최악의 상황
그깟 1,000원을 꼭 돌려받아야겠냐며 도리어 화를 냈다.

달라가 주현이에게 안 물어봤을 때

혼자 계속 마음이 무겁다. 주현이를 볼 때마다 찝찝하다.

내 생각

나라면 이렇게 할 것 같아!
_____
_____
_____

왜냐하면 _____
_____
_____
_____ 때문이야.

오늘의목표: 노력 용돈 벌기

용돈 모으는
재미가 쏠쏠

내가 생각해도 참 웃기는 말인데, 나는 요즘 용돈 모으는 게 제일 좋아. 슬라임 갖고 노는 것보다 3배는 신나. 저금통에 용돈이 차곡차곡 쌓이는 걸 보면 저절로 웃음이 나오지.

사실 용돈을 모으기 위해 포기한 것도 많아. 지난주부터 떡볶이도 안 먹고 편의점도 안 갔어. 지우개도 안 사고. 다정이가 며칠째 잘못 적은 글씨를 샤프로 찍찍 긋는 나를 보고는 '남는 지우개'를 기부했어. 그러더니 아주 조심스럽게 이렇게 말했지.

"용돈이 많이 부족한 거야? 난 집안일을 하고 노력 용돈을 버는데…"

달라의 용돈 메뉴판

달라는 엄마 아빠와 상의해서 집안일을 하고 노력 용돈을 받기로 했어. 아래 '용돈 메뉴판'에 적힌 일을 하고 대가로 돈을 받는 거지. 흔히 '홈 아르바이트'라고도 해. 친구들도 엄마 아빠와 상의해서 용돈 메뉴판의 조건, 금액 등을 정해 봐.

집안일하고 용돈을 받아도 될까?

다정이를 따라 하려다가 문득 고민이 됐어. 엄마는 대가를 받지 않고 집안일을 하시는데, 나는 용돈을 받아도 되는 걸까?

엄마 아빠가 하시는 집안일

1. 자녀 돌보기
   얼른 일어나! 지각하겠다.

2. 청소
   먼지야, 사라져라!

3. 요리와 설거지
   여보, 설거지는 내가 할게.

4. 빨래
   엄마, 아빠 안녕히 주무세요.
   하암~

 생각해 보니까 엄마 아빠가 하시는 집안일이 너무 많은 것 같아. 회사도 다니시는데 집에서도 청소, 빨래, 설거지, 요리 등 여러 일을 하느라 쉬지도 못해.

 엄마 아빠의 수고로움을 알다니, 대견한걸! 요즘에는 집안일을 시간당 요청하고 비용을 지불하는 서비스도 있어. 그러니까 네가 집안일을 도와드리고 용돈을 받는 것도 괜찮은 것 같아.

 용돈 메뉴판을 만들어 보여 드리고 금액이나 조건은 엄마 아빠랑 이야기 나누면 될 것 같아. 그리고 나중에는 돈 안 받고 도와드리려고.

 좋은 생각이야! 그리고 네 나이에는 안전하게 돈을 벌 수 있는 곳이 별로 없거든. 집이라는 안전한 곳에서 엄마 아빠를 도와드리며 용돈을 버는 경험을 해 보는 것도 좋겠지.

핀이 알려 주는 경제 자료

가사 노동은 식구들이 건강하게 생활할 수 있도록 가정 안에서 이루어지는 요리, 청소, 세탁 등의 일을 통틀어 이르는 말이야. 옛날에는 밥하고 빨래하는 일이라며 가사 노동을 소홀하게 여겼으나 요즘에는 나라에서도 가사 노동의 경제적 가치를 계산해 사회적으로 인정해 주려는 분위기가 크게 일어나고 있어.

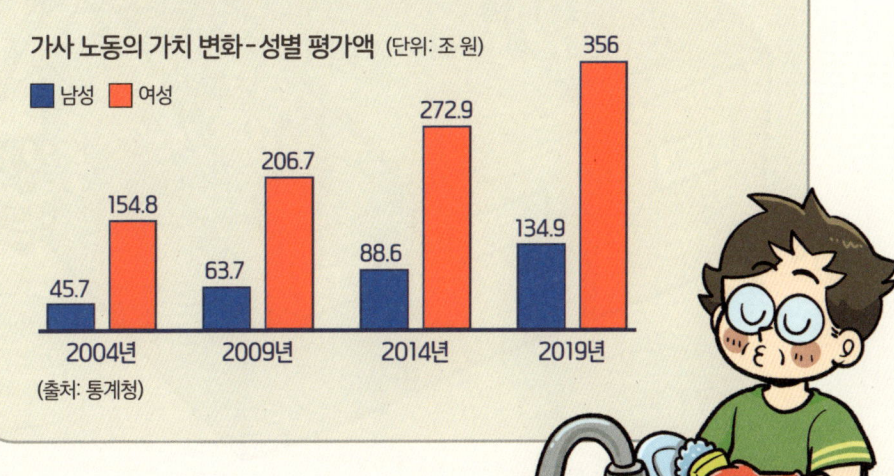

가사 노동의 가치 변화 - 성별 평가액 (단위: 조 원)

연도	남성	여성
2004년	45.7	154.8
2009년	63.7	206.7
2014년	88.6	272.9
2019년	134.9	356

(출처: 통계청)

물건 정리하고 용돈 벌기

집안일하고 용돈 받는 일 말고 또 돈 버는 방법이 없냐고?
이번에는 안 쓰는 물건들을 정리하고 용돈을 벌어 볼까?

첫 번째 먼저 상자 3개를 준비해

물건이 많이 들어갈 수 있도록 최대한 큰 상자를 찾아보자.

두 번째 집 안 구석구석을 돌아보고 평소 잘 안 쓰는 물건을 찾아서 필요, 욕구, 버림 상자에 각각 넣어 보자!

우리 가족이 잘 안 쓰는 물건이 있는지 곳곳을 살펴보자. 안 쓰는 물건을 찾으면, 그 물건의 주인에게 더 쓸 것인지 안 쓸 것인지 물어보고 팔아도 되는지 허락도 받자.

세 번째 욕구 상자에 담긴 물건의 이름을 적어 봐

팔 것과 주변 사람들에게 나눠 줄 것을 구분해서 적어 보자.

팔 것 : 내가 아빠한테 조르고 졸라 산 인라인스케이트

나눌 것 : 1학년 때 산 꽃무늬 원피스
작년 겨울 방학 때 산 동화책

이제 인라인스케이트는 안 탈 거야.

예쁜데 작아서 못 입겠어.

마지막 욕구 상자의 물건을 부모님과 함께 팔거나 기부하면 끝!

핀이 알려 주는 똑똑한 물건 정리법

팔 것으로 정리한 물건들은 중고 물건들을 거래하는 온라인 플랫폼이나 알뜰 장터에 팔 수 있어. 이때 부모님과 함께 안전하게 물건을 사고파는 경험을 해 보면 어떨까? 또 나눌 것으로 정리한 물건들은 가까운 비영리 단체 등에 부모님과 함께 방문해서 직접 기부해 보렴. 물론 인터넷으로 기부를 신청할 수도 있어. 나눔을 실천하는 곳들은 주위에 아주 많거든.

달라와 핀의 고민 해결소

학생들의 아르바이트 어떻게 생각해?

왜 어른들만 돈을 벌까? 어린이도 돈을 벌 수 있으면 좋을 텐데. 우리가 직접 번 돈으로 필요한 물건을 사면 더욱 아껴 쓸 것 같고. 또 돈의 소중함도 배울 수 있지 않을까?

어린이도 돈이 필요하면 아르바이트를 해도 되는 거 아냐?

돈을 버는 일은 어린이가 책임지고 해내기에는 어려운 점이 많아. 예를 들어 일하다가 다칠 수도 있고, 나쁜 어른을 만나 노동의 대가를 제대로 받지 못할 수도 있어. 그리고 어린이 시절에는 돈 버는 일보다 다양한 경험을 쌓고 친구들과 즐겁게 뛰노는 일에 더 집중했으면 좋겠어.

핀이 알려 주는 청소년 아르바이트 정보

1. 아르바이트를 할 수 있는 조건
우리나라에서는 법적으로 만 15세 이상의 청소년만 일할 수 있어. 만약 만 13세 이상인데 아르바이트를 하고 싶다면, 고용 노동부에서 발급한 취직 인허증, 부모님 동의서, 가족 관계 증명서 등을 일할 곳에 제출해야 해.

2. 아르바이트를 할 곳 미리 가 보기
아르바이트하기 전에 일할 곳의 환경을 꼼꼼히 살펴봤으면 좋겠어. 부모님, 선생님을 비롯해 주변에 믿을 만한 어른과 일할 곳을 직접 가 보고 일할 곳의 대표는 어떤 사람인지, 동료들은 어떤지 꼭 알아봐. 그리고 노래방, 술집 등의 유해한 업종은 청소년이 일할 수 없다는 걸 꼭 기억해 두자.

3. 근로 계약서 작성하기
아르바이트를 하기로 결정했다면 잊지 말고 꼭 근로 계약서를 작성하자. 임금을 제대로 받지 못하거나 차별받았을 때 보호해 줄 수 안전장치가 되어 줄 거야. 근로 기준법, 산업 재해 보상 보험법에 따라 치료와 보상도 받을 수 있으니까 이 점도 기억해 두고.

판과 함께 도전!

초등학생이 할 수 있는 아르바이트가 있을까?

어린이 시기에는 다양한 경험을 통해 내가 진짜 좋아하는 일을 찾고 건강한 꿈을 키워 나갔으면 좋겠어. 여러 경험을 통해 돈과 노동의 소중함을 경험해 보고 싶은 친구들은 아래 아르바이트를 해 보는 것도 방법이 될 것 같아.

① 안전한 홈 아르바이트는 어떨까?

부모님을 도와드리고 안전하게 노동의 가치를 배워 보자.
여러 집안일을 하며 부모님께 감사하는 마음도 깨닫게 될 거야.

② 나의 재능에 투자하는 것도 아르바이트야

지금은 꿈과 재능에 시간과 노력을 투자하고 대가는 미래에 받는 아르바이트를 해 보면 어떨까? 예를 들어 그림 그리기를 좋아하면 '이모티콘 그리기 수업'을 들어 보고, 춤추기를 좋아한다면 유튜브 댄스 방송을 보고 연습해 보는 건 어떨까? 미래의 꿈을 위해서.

③ 식물을 키우는 아르바이트도 가능하지 않을까?

집에서 요리할 때 쓰는 채소를 키워서 부모님이나 이웃집에 팔아 보는 건 어때?
파, 양파, 콩나물처럼 키우기 쉬운 채소부터 시작해 보자.

④ 재활용품을 모아 용돈을 벌어 볼까?

폐건전지, 우유 팩 등을 모아서 행정복지센터에 가져가 휴지, 새 건전지 등으로 교환하는 거야.
행정복지센터에서 받은 휴지와 건전지 등 생활용품을 다른 사람에게 판매해 보자.

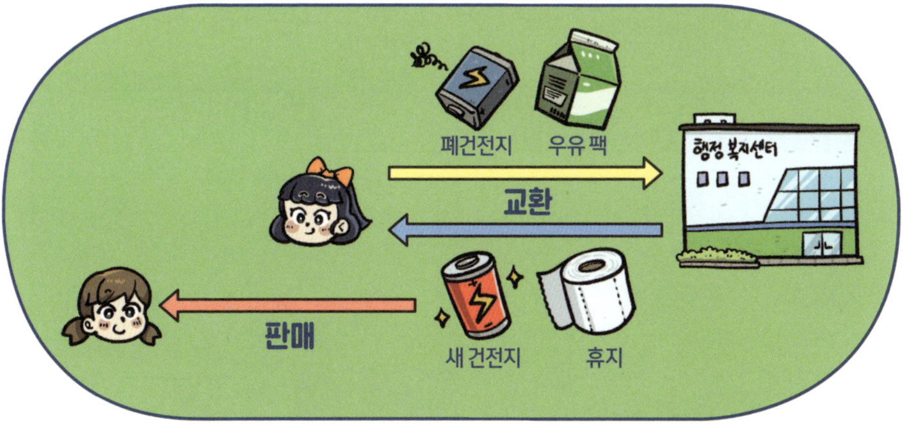

어린이 시기에는 '나의 재능'을 찾고 발전시키는 데 힘쓰면 좋겠어.

그 재능이 가장 큰 아르바이트이자 투자가 되어 줄 거야.

오늘의목표 : 목표 있는 용돈 모으기

4만 원을 모아야 해!

6월 1일 아침
일어나!

하암~
잉
엄마 생신때 뭘 선물하지?

아!
꼬질

그날 저녁
달라야, 뭐 해?
흐음~

아침에 우연히 달력을 봤는데, 엄마 생일이 눈에 딱 들어왔어. **이번에는 꼭 좋은 선물을 해 드리고 싶었어.** 그동안 나를 돌봐 주느라 고생하신 엄마를 위해서 말이야. 마침 모아 둔 용돈도 있으니까 좋은 선물을 골라 봐야지 생각했는데⋯. 어머나, 바로 답을 찾았어! **이번 엄마 생일에는 무조건 새 구두를 선물해 드려야겠어.**

저녁에 지갑을 탈탈 털었지. 전 재산 32,000원. 지난주에 '필요 없는 물건 팔기'를 잘했다 싶었어. 그래도 조금 돈이 모자라기는 해. 내가 사고 싶은 구두는 4만 원이니까⋯.

일단 정기 용돈을 좀 더 아껴 써 보고, 집안일을 해서 노력 용돈도 벌어 봐야겠어. 좋았어! 목표 금액 4만 원을 향해 고고!

 예전에 엄마가 나중에 필요한 데 쓰자며 용돈 모으자고 했을 때는 쌓이는 용돈을 보며 마음이 답답했어. 그런데 지금은 막 신나고 기뻐.

 차이가 뭘까?

 그때는 무작정 모았는데, 지금은 목표가 확실해서 그런가 봐. 빨리 4만 원을 모았으면 좋겠어.

 우리 달라가 많이 컸네. 스스로 하고 싶은 일을 선택하고 그 일을 하기 위해 돈 모으기를 결심하다니⋯. 내가 다 뿌듯하다.

★ 달라의 용돈 탐험기 ★

어디에 용돈을 썼을 때 가장 행복했어?

엄마 생일에 내가 모은 용돈으로 구두를 선물해 드렸어. 엄마가 정말 좋아하셨지. 내가 조금씩 모은 용돈이 누군가에게 큰 기쁨이 될 수 있다니… 진짜 행복했어! 친구들은 지금까지 용돈으로 한 일 중에서 가장 기억에 남는 일이 무엇이었어?

다정이의 용돈

내가 아니라 친구를 위해 연필을 사 준 일. 부모님이 나에게 무언가를 사 주시는 것처럼 나도 다른 사람에게 물건을 사 줄 수 있어서 왠지 뿌듯했어.

호진이의 용돈

기억이 깜박깜박하는 할머니를 위해 블루베리를 사 드렸어. 블루베리가 기억력에 좋다고 해서 한 팩을 샀는데, 할머니가 너무 감동받으셔서 눈물을 흘리지 뭐야. 할머니를 따라 나도 눈물을 흘렸지.

유라의 용돈

용돈으로 산 초코 빵을 동생이랑 나눠 먹었어. 초코빵은 인기가 높아서 편의점 갈 때마다 없었거든. 그래서 처음에 동생이 먹고 싶다고 했을 때는 아까웠는데, 같이 먹으니까 기분이 정말 좋았어.

 수현이의 용돈

얼마 전 다른 나라에 지진이 나서 많은 사람들이
안타깝게 죽고 살 곳도 잃었다는 뉴스를 봤어.
그래서 적은 금액이지만 사람들을 돕고 싶어서 모은 용돈을
기부했지. 앞으로도 계속 누군가를 돕고 싶어.

**　　의 용돈**

_____

_____

_____

너희가 이렇게 즐거운 경험을
할 수 있었던 이유는 용돈을 차곡차곡
모았기 때문이야. 네가 돈을 꼭 필요한 곳에
쓰려고 아껴 둔 시간들이 쌓였기에 가능한
일인 거지. 모은 돈의 크기가 커질수록
할 수 있는 일들도 많아진단다.

핀과 함께 도전!

용돈으로 할 수 있는 일 알아보기

이제 달라는 용돈을 모아 나가면 더 많은 일을 선택할 기회까지 얻을 수 있다는 걸 알았어. 돈이 많으면 살 수 있는 것도 할 수 있는 일도 많아지니까. 돈이 많아지면 우리가 어떤 일을 할 수 있는지 알아볼까?

50,000원 = 🍙🥤 + ✏️ + 🎁 + 📖 + 💰

30,000원 = 🍙🥤 + ✏️ + 🎁

10,000원 = 🍙🥤 + ✏️

5,000원 = 🍙🥤

내일을 위해 돈을 모으자!

이번에는 하고 싶은 일을 찾아보고 얼마만큼의 돈이 필요한지 조사해 보자. 지금 갖고 있는 돈으로 할 수 있는지, 부족하다면 얼마를 더 모으면 그 일을 할 수 있는지도 확인해 보자. 또 왜 그 일이 하고 싶은지 이유도 적어 보자.

용돈으로 하고 싶은 일

하고 싶은 일	예상 금액	하고 싶은 이유
새 핸드폰 케이스 사기	8,900원	예뻐서
스케치북 사기	1,000원	내 꿈인 화가가 되기 위해 그림 연습을 하려고.

돈의 액수는 같아도 돈을 모으려는 목적과 이유에 따라 돈이 모아지는 속도가 다를 거야.

핀이 알려 주는 경제 용어

좀 더 나은 결과를 얻기 위해서는 시간과 노력이 필요해. 지금 당장에 얻을 수 있는 작은 만족감 대신에 나중에 얻을 보상이나 더 좋은 결과를 기대하며 참을성 있게 기다리는 것을 '만족 지연의 기쁨'이라고 하지. 시험을 준비하며 오랫동안 노력한 끝에 좋은 성적을 받았을 때에도 만족 지연의 기쁨을 느낄 수 있어.

4장

용돈 진짜 잘 쓰기

오늘의목표: 소비, 저축, 투자, 기부 4개의 돈 경험 쌓기

소비가 기부와 투자가 될 수 있다고?

"응! 에코 백이라는 물건을 사는 거니까 '소비'가 맞아. 그런데 에코 백을 사면서 낸 돈이 환경 보호 캠페인에 쓰이니까 '기부'라고도 할 수 있지. **소비를 통해 기부에 동참한 거야!**"

고개를 끄덕이는 나를 보며 핀이 또 말을 이어 갔어.

"그러면 용돈으로 책이나 문제집을 사는 건 소비일까?"

"당연한 걸 왜 물어? 내 용돈으로 물건을 산 거니까 소비잖아!"

아이코, 머리야! 머리가 지끈거렸어. 소비면 소비고, 투자면 투자지. 분명 돈을 주고 물건을 샀는데 왜 돈을 불리는 투자가 될 수 있다는 거지? 나 원 참. 그때 핀이 빙그레 웃으며 말했어.

"엄청 헷갈리나 보네. 좋았어, 우리 나가서 돈이 어떻게 쓰이는지 직접 살펴보자!"

✅ 기부

돈이나 재능을 다른 사람에게 대가 없이 나눠 주는 것. 사람들은 기부를 통해 이웃에게 도움을 주고, 환경을 보호하는 등 세상을 조금 더 나은 곳으로 만들 수 있음.

✅ 투자

이익을 얻기 위해 어떤 일이나 사업에 자본을 대거나 시간 등을 쏟는 일. 회사의 주식을 사거나 부동산을 구입해 수익을 얻을 수 있음. 투자한 상품의 가치가 떨어지면 손해를 볼 수도 있으니 투자하기 전에 충분히 공부해야 함.

일주일 동안 네가 경험한 경제 활동은 뭐야?

소비

나는 _____ 를 샀어.

왜냐하면 _____
_____

저축

나는 _____ 원을 모았어.

왜냐하면 _____
_____

기부

나는 _____ 을 _____ 에(게) 나눠 주었어.

왜냐하면 _____
_____

투자

나는 _____ 을 _____ 에(게) 투자했어.

왜냐하면 _____
_____

소비, 저축, 투자, 기부에 대해 알아보자!

달라야! 이런 경험들이 어떤 활동에 해당하는지 연결해 봐!

적금 가입하기

학용품 구입하기

은행에 세뱃돈 저금하기

읽고 싶은 책 사기

저금통에 용돈 모으기

맛있는 간식 사 먹기

소비

저축

오늘의 목표 : 착한 소비 참여하기

돈쭐 내러 왔습니다

　엄마랑 마트에 왔어. 요즘엔 엄마가 쿠파파팡, 시장컬리를 자주 이용하면서 마트에 올 일이 별로 없었거든. 오랜만에 마트 곳곳을 돌면서 카트에 물건을 담으니까 꽤 재미있었어.

　과일 코너에 왔는데 바나나에 처음 보는 스티커가 붙어 있었어.

　"어? 이 스티커는 뭐지?"

　"공정 무역 제품이라는 것을 표시한 스티커야."

공정 무역? 어디선가 들어 본 것 같기도 했어! 이 작은 스티커가 붙어 있는 것과 안 붙어 있는 게 무슨 차이가 있을까 궁금해졌지. 그때 핀이 씩 웃으며 이렇게 말했어.

"우리 공정 무역 스티커를 누가 더 많이 찾나 시합해 볼래?"

나는 핀과 함께 마트 이곳저곳을 둘러보며 공정 무역 스티커가 붙은 물건을 찾아냈어. 잼, 초콜릿, 아이스크림, 과자에서도 발견! 숨은그림찾기처럼 스티커 찾는 재미가 쏠쏠했어.

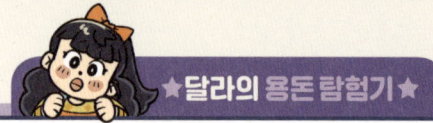

★달라의 용돈 탐험기★

찾아라! 공정 무역 스티커

핀과 마트 곳곳을 돌아보다가 생각보다 많은 상품에 공정 무역 스티커가 붙어 있다는 사실을 발견했어. 대체 이 스티커는 왜 만들어진 것일까?

이 스티커가 있으면 뭐가 다른 거야?

착한 기업을 증명하는 표시라고나 할까? 물건을 만들면서 가격을 낮추려고 노동자에게 정당한 대가를 주지 않는 기업은 이 스티커를 쓸 수 없거든. 또 품질이나 디자인만 강조하면서 동물을 희생시키고 환경을 오염시키는 기업이 만든 상품에도 이 스티커를 붙일 수 없어.

정말? 얼마 전에 친구들이랑 립밤을 하나 샀는데! 이것도 만들 때 문제가 있었던 것은 아니겠지? 그동안 내가 샀던 물건들이 모두 걱정돼!

지금까지 잘 몰랐더라도 앞으로는 꼭 물건이 만들어진 과정까지 살펴보고 소비하는 건 어떨까? 완성된 물건의 겉모습만 보는 것이 아니라 그 물건이 만들어지고 나에게 온 과정 전체를 따져 보며 신중하게 소비하는 것을 '윤리적 소비' 또는 '착한 소비'라고 해.

어떤 물건에 공정 무역 스티커가 붙어 있다면,
1. 물건을 만들고 거래하는 모든 과정에서 생산자가 일한 대가를 공정하게 지불받았다는 뜻이야.
2. 인종, 국적, 종교, 나이, 성별 등과 관련된 모든 차별 없이 기업가와 생산자가 서로 존중하며, 생산자가 안전한 환경에서 일했다는 뜻이지.
3. 환경 보호를 위해 노력하겠다는 약속의 표시야.

착한 소비를 잘 모르겠다고? 그럼 핀이 알려 주는 아래 방법을 따라 해 봐!

착한 소비를 실천할 수 있는 방법

1. 공정 무역 스티커가 있는 제품을 찾아 구매하기

2. 동물의 털로 만든 외투는 안 사기

3. 동물 실험을 하지 않은 물건(샴푸, 린스, 로션 등)을 찾아보기

4. RDS* 인증을 받거나 친환경 섬유의 옷 구매하기

5. 가지고 있는 옷 아껴 입고, 유행에 이끌려 쇼핑하지 않기

6. 과대 포장된 제품을 구입하지 않기

7. 내가 구매한 물건이 어떤 과정을 거쳐 나에게 왔는지 조사해 보기

*RDS: 살아 있는 동물의 털을 뽑는 등의 동물 학대 행위를 하지 않고 생산한 옷에 주는 인증 표시.

착한 소비, 어때? 생각보다 어렵지 않지?

아! 공정 무역 스티커는 물건뿐만 아니라 어떤 기업이 공정 무역을 지켰는지 보여 주는 기능도 있어.

FLO 마크
공정 무역 원칙에 따라 물건이 만들어졌다는 것을 증명해 주지.

WFTO 마크
물건, 그리고 그 물건과 관련된 기업이나 단체가 공정 무역 원칙을 준수했다는 것을 증명해 주지.

지금부터라도 주위를 둘러봐. 내 소비가 세상을 좀 더 나은 곳으로 바꿀 수 있어!

- 공정 무역 마크를 어디서 본 적이 있을까?

오늘의 목표 : 경제적 자립의 첫 단추 끼우기

엄마 은행 졸업하기

다시 떠올리기도 싫은 악몽이었다. 귀신이나 괴물이 나온 것은 아니지만 정말로 꿈에서처럼 '다 큰 어른이 되어서까지 엄마한테 용돈을 달라고 조르면 어떡하지?'라는 걱정이 스멀스멀 들었다. 일도 안 하고 빈둥거리면서 늙은 엄마한테 용돈을 달라고 조르다니, 생각만 해도 끔찍했다.

나는 어른이 되면 당연히 돈을 벌 거다. 직장에 다니거나 좋아하는 일을 하면서. 그런데 왜 이런 악몽을 꾸었을까?

결국… 이 악몽의 원인은 핀이었다. 핀이 요즘 계속 **"언제까지 엄마 은행에서 용돈을 타 쓸 수는 없어. 엄마 은행을 졸업한 뒤를 준비해야 해."** 라고 잔소리를 해 대는 탓에 얼

마나 스트레스를 받았는지 모른다. 설마 핀은 내가 어른이 되어서도 엄마한테 용돈을 타 쓸 거라고 생각한 건가?

 내가 어른이 되어도 직장도 못 다니고 월급도 못 받을 것 같아?

 갑자기 그게 무슨 말이야?

 툭하면 "엄마 은행을 졸업할 준비해!"라고 잔소리하잖아. 올해 처음 용돈을 받았는데 벌써 무슨 졸업이야? 나는 대학생 때까지는 용돈을 받을 거거든.

 당장은 아니지만 언젠가는 엄마 은행을 졸업해야 하잖아. 지금부터 조금씩 준비해 두면, 아름답게 졸업할 수 있다는 뜻이었어.

 어른이 되면 누구나 돈도 벌고 직장도 다니는 거 아니었어?

 나이를 먹었다고 모두 어른이 되는 것은 아니야. 스스로 돈을 벌고 경제생활을 책임지지 못하는 사람은 '나이만 먹은 아이'라고 볼 수 있어. 흔히 캥거루족이라고도 하지. 나는 네가 지금부터 차근차근 준비해서 어른이 되었을 때 꼭 '경제적 자립'을 이뤘으면 좋겠어.

 알겠어, 핀. 나도 너와의 돈 공부를 계속하면서 '진짜 어른'이 될 수 있도록 성실히 준비할게. 그런데 잔소리 좀 줄이면 안 될까?

 **핀이 알려 주는 경제 용어**

캥거루족이란 학교를 졸업해 자립할 나이가 되었는데도 취직하지 않거나 취직을 해도 독립적으로 생활하지 않고 부모에게 경제적으로 의존하는 젊은 세대를 뜻해.

★ 달라의 용돈 탐험기 ★

용돈 독립을 향해 출발!

경제적 자립을 하는 때는 사람마다 다르겠지만 언젠가는 반드시 그때가 온다는 것을 알고 미리 준비하고 연습하면 좋겠어. 사람이 네 발로 기었다가 조금씩 두 발로 걷는 연습을 하면서 어느 날엔 땅을 딛고 서는 것처럼 말이야!

 어떤 때 자립했다고 볼 수 있을까?

 부모님과 떨어져서 '나 혼자' 살 곳이 있을 때가 아닐까?

 나는 어른이 되어서 돈을 많이 모아도 엄마 아빠랑 살고 싶은데. 굳이 다른 곳에 살지 않고 한집에 같이 살아도 내가 부모님을 모시고 살면 그것도 자립 아닐까?

 나는 월급을 받으면 자립한 거라고 볼 수 있을 것 같아. 매달 월급을 받고 그 월급으로 내가 필요한 것을 살 수 있을 테니까. 그때는 1주일에 1번씩 꼭 치킨을 사 먹을 거야.

먹는 데 돈을 다 써서 월급이 하나도 안 남으면 어떡해? 나는 다치거나 병에 걸려서 세 달 정도 일을 못해도 돈 걱정을 안 해야 자립한 게 아닐까 싶어.

 **달라의 생각**

나는 직장을 얻을 때까지 부모님의 경제적 도움을 받고 싶어. 왜냐하면 그 전까지는 학업이나 취업에 힘써야 하기 때문이야. 공부하느라 돈을 벌 시간이 없을 것 같아서. 너희들은 어때? 언제까지 부모님의 경제적 도움을 받아야 한다고 생각해?
대답하기 어렵다면 내가 몇 가지 보기를 줄게!

① 고등학교 졸업할 때까지
② 대학교 졸업할 때까지
③ 직장을 얻을 때까지
④ 결혼할 때까지
⑤ 평생

내 생각

_____를 골랐어.

왜냐하면 _____

_____ 이기 때문이야.

 자립했을 때의 너의 모습을 아래에 그려 봐. 몇 살이고 어떤 일을 하는지 어떤 집에 살지 상상해 봐.

핀과 함께 도전! 경제적 자립, 이렇게 준비하자!

지금부터 조금씩 경제적 자립을 연습해 볼까?
작은 챌린지를 하나씩 참여해 보면서 연습해 보자.

CHALLENGE 1

유*브, *플*스 같은 가정에서 유료로 시청하는 OTT 서비스 구독료 일부를 내 보기

① 우리집에서 사용하는 OTT 서비스와 한 달 구독료 알아보기

이용 서비스	구독료
	원

② OTT 서비스가 정말 필요한지 확인하고 구독을 연장할지 해지할지 결정하기

이용 시간(1주일 기준)	연장	해지
시간		

*OTT(Over-the-top) 서비스는 영화, TV 프로그램 등의 미디어 콘텐츠를 인터넷을 통해 제공하는 서비스를 말해.

CHALLENGE 2

학원비 또는 문제집값의 일부를 내 보기

① 한 달 학원비 알아보기

원

② 한 달 학원비나 학원 교재비(또는 문제집값)를 내 보기

학원비(또는 문제집값)	금액
	원

휴대 전화 요금의 일부를 내 보기

① 한 달 휴대 전화 요금 알아보기

원

② 나에게 필요한 요금제 상품이 무엇인지 찾아보고 다른 통신사 상품과 비교하기

나에게 필요한 요금제 상품	다른 통신사 상품
·특징 : ·가격 :	·특징 : ·가격 :

③ 꾸준히 낼 수 있는 금액과 유지 기간 정해 보기

내가 낼 수 있는 금액	유지 기간
원	달

- 제품명 용돈 잘 쓰는 법
- 제조자명 메가스터디㈜ · 제조년월 판권에 별도 표기 · 제조국명 대한민국 · 사용연령 3세 이상
- 주소 및 전화번호 서울시 서초구 효령로 304(서초동) 국제전자센터 24층 / 1661-5431

초판 3쇄 발행 2023년 9월 25일
초판 1쇄 발행 2023년 6월 9일

글 | 김선, 조희정
그림 | 차차
감수 | 퍼핀

발행인 | 손은진
개발 책임 | 김문주
개발 | 김숙영, 서은영, 민고은
디자인 | 양X호랭 DESIGN
제작 | 이성재, 장병미

발행처 | 메가스터디(주)
주소 | 서울시 서초구 효령로 304 국제전자센터 24층
대표전화 | 1661-5431
홈페이지 | http://www.megastudybooks.com
출판사 신고 번호 | 제2015-000159호
출간제안/원고투고 | writer@megastudy.net

*잘못된 책은 구입하신 곳에서 바꾸어 드립니다.

메가스터디BOOKS

'메가스터디북스'는 메가스터디(주)의 출판 전문 브랜드입니다.
유아/초등 학습서, 중고등 수능/내신 참고서는 물론, 지식, 교양, 인문 분야에서 다양한 도서를 출간하고 있습니다.

아이 용돈 교육,
제대로 시작하자!

부모 가이드북

메가스터디BOOKS

01 용돈 줘야 할까요? 말아야 할까요?

용돈 문제야말로 자장면 vs 짬뽕처럼 인류의 끝나지 않을 논쟁이 아닌가 싶어요.

아이들은 커 갈수록 직접 돈을 쓰는 경험을 많이 합니다. 부모님이 대신 사 주던 간식과 학용품을 스스로 구입하기 시작하죠. 또 하굣길에 친구와 편의점에 들러 간식을 사 먹고, 무인 매장이나 문구점에서 그때그때 필요한 학용품을 사지요.

고학년에 올라가면 버스, 지하철 같은 대중교통을 타고 집, 학교에서 멀리 떨어진 곳으로 활동 영역을 확장해 나가요. 친구들과 어울려 놀이동산도 가고 아이돌에 관심이 생긴 아이들은 돈을 모아 앨범과 굿즈도 사고 콘서트도 구경 가지요. 관심 가는 영역이 하나둘 늘어 가면서 취미 생활을 위한 소비를 시작하거든요.

다양한 소비 활동, 사회생활을 해 나가면서 아이는 돈이 필요한 순간을 자주 경험합니다. 어떤 때는 부모에게 요청하거나 어떤 때는 자기 용돈으로 해결하지요. 사실 아이가 어릴 때는 아이에게 필요한 물건을 부모님이 대신 사 주는 일이 많습니다. 그리고 그게 또 큰 문제가 되지 않는 것처럼 보입니다. 하지만 이런 일이 잦아질수록 아이는 '갖고 싶은 물건이 생기면 엄마 아빠한테 사 달라고 하면 되는구나.' 하고 생각할 가능성이 높아집니다.

그런데 부모는 알고 있습니다. 언젠가는 우리 아이가 부모에게서 떨어져 나가 독립해야 하는 때가 온다는 것을요. 그래서 우리는 아이의 독립된 미래를 위해 지금, 더 늦기 전에 용돈 교육을 시작해야 합니다! 부모는 영원히 아이 곁에 있을 수 없다는 점을 기억해 주세요.

부모 품에 있을 때부터 용돈을 받고 관리하는 연습을 꾸준히 한다면, 우리 아이는 자연스럽게 '내가 갖고 싶은 물건이 무엇인지 탐색하고 스스로 용돈을 모아 좋아하는 것을 사는' 경험을 쌓아 나갈 수 있지요. 또 이 경험을 통해 긴 인생에 꼭 필요한 '자기 확신', '자기 선택'의 기준을 누구보다 분명하게 키워 나갈 거예요.

부모님께서 주신 작은 용돈이지만 아이는 직접 돈을 굴리는 경험을 하며 돈과 관련한 문제에서 좀 더 주체적으로 생각하고 문제 해결을 위한 자기 주도적인 자세를 연습할 수 있어요. 물론 아이가 받는 용돈은 부모의 돈이지만 문제를 해결하는 주체가 바로 아이 자신이기 때문이지요.

자본주의 세상에서 살아가는 모든 사람들은 매일 돈으로 무언가를 선택하고 결정해야 하는 순간을 맞이합니다. 아이들도 마찬가지지요. 그래서 우리 아이들에게는 돈을 어디에 어떻게 쓰면 좋을지와 같은 문제를 해결하는 능력을 키우는 연습과 훈련이 꼭 필요해요. 부디 부모님들이 용돈을 줌으로써 아이가 직접 돈을 쓰고 모으고 불리고 나누며 평생의 재산이 되는 용돈 역량을 키워 나가기를 진심으로 바랍니다!

⑫ 아예 돈에 관심 없는 아이, 어떻게 해야 할까요?

우리가 자랄 때는 용돈을 좀 더 달라고 조르는 아이가 많았어요. 그런데 요즘은 아예 돈에 관심이 없는 아이들도 꽤 있더라고요. 아이에게 정기적으로 용돈을 주고 용돈 교육을 시작하고 싶은데, 아이가 용돈을 받아도 그다지 즐거워하지 않거나 특별히 갖고 싶은 것도 없어서 돈을 줘도 안 쓴다며 고민하는 엄마들이 많은 것도 그래서겠죠. 심지어 어떤 친구들은 할머니 할아버지께서 주신 용돈을 어디에 두었는지 기억조차 못 한대요.

돈에만 초점이 맞춰진 아이도 걱정이지만 돈에 전혀 관심이 없는 친구들도 살펴볼 필요가 있어요. 혹시 아이의 행동 하나하나를 엄마가 챙기는 건 아닌지 확인해 보세요. 아이가 무언가를 간절히 하고 싶거나 갖고 싶은 의지가 있는지 꼭 들여다봐야 해요. 이미 모든 것을 다 갖고 있어서 흥미를 못 느끼는 것인지, 새로운 물건을 가져도 자신의 것이라고 생각하지 못하는 건 아닌지 말이에요.

사람의 기본 욕망 가운데 소유욕은 정말 큰 부분을 차지하거든요. 욕구를 지혜롭게 해결해 나가는 것이 우리의 삶인데, 아이가 욕구조차 느끼지 못한다면 나중에 큰 문제가 될 수 있어요. 아이 스스로 용돈을 모아서 자신이 필요한 것을 갖는 기쁨, 또 필요한 물건을 갖기 위해 노력하는 과정에서 얻는 경험은 아이들의 성장에 좋은 밑거름이 됩니다.

혹시라도 아이가 돈으로 무언가 사는 것에 죄책감을 느낀다면, 용돈으로 다른 사람을 기쁘게 해 주는 경험을 할 수 있게 해 주세요. 네가 용돈을 잘 모으면 그걸로 할아버지 할머니 생신 선물을 사 드릴 수도 있고, 엄마 아빠랑 좋은 식당에 가서 맛있는 음식을 먹을 수도 있다고 말이에요. 네가 정말 좋아하는 반려견의 간식도 살 수 있다는 점을 알려 주세요. 기준 없이 아무렇게나 쓰는 것이 문제이지, 돈을 쓰는 일 자체는 나쁜 일이 아니라 우리 인간에게 자연스러운 일상이라는 것을 아이에게 꼭 말씀해 주세요.

그리고 아이들이 재밌게 즐길 수 있는 놀이를 통해 돈에 대한 관심을 붙여 주시면 어떨까요? 예를 들어 보드게임이나 가상 현실 게임도 좋은 계기가 될 수 있어요. 엄마 아빠와 함께 부루마블 같은 보드게임을 하면서 아이는 즐거운 추억도 쌓고 경제에 재미도 느낄 수 있을 거예요.

03 용돈을 언제 얼마만큼 어떻게 주는 게 좋을까요?

　보건 복지부에서 발표한 「2021 아동종합실태조사」에 따르면, 용돈 월 평균액이 0~9세는 34,041원, 10~15세는 75,986원이었어요. 실제로 용돈을 받는 아이들은 학급의 절반 정도예요(위의 통계도 용돈을 받는 아이들을 대상으로 한 것이지요.). 용돈의 지급 주기를 살펴보면, 유아부터 초등 저학년까지는 일주일에 사천 원, 중~고학년은 육천 원, 중학생부터는 만 원 정도지요.

　돈 사용 경험이 부족한 아이들에게는 용돈을 넉넉히 주어도 적게 주어도 문제가 생길 수 있어요. 그래서 금액을 딱 정해서 말씀드리기가 쉽지 않아요. 각 가정의 경제 사정, 거주 지역, 부모의 맞벌이 여부, 아이의 학원 및 기숙사 여부 등 아이들마다 또 집집마다 조건이 정말 다양하잖아요.

　그래서 같은 반 친구 두 명에게 똑같이 일주일에 삼천 원씩 용돈을 주더라도 어떤 집에서는 많고 어떤 집에서는 적게 준다고 생각하는 거예요. 위의 조사에서 안내해 드린 기준 금액을 보시고 각 가정에서 부모와 아이가 함께 의논해서 용돈 액수를 정하는 게 가장 좋은 방법이 아닐까 해요.

그리고 어린이에게는 매주 용돈을 꾸준히 주는 것만으로도 용돈 교육에서 큰 효과를 얻을 수 있어요. "세 살 버릇 여든까지 간다."는 속담처럼 어릴 때 만들어진 좋은 습관은 인생의 큰 힘이 될 수 있으니까요.

하지만 '동전 없는 사회'를 사는 우리가 매번 현금을 찾아서 때마다 용돈을 준다는 것은 참 번거로운 일이어요. 그게 귀찮아서 아이가 용돈을 달라고 할 때 쉽게 엄마 카드를 내주어서는 제대로 된 용돈 교육을 시키기가 어렵지요. 최근에는 현실 엄마의 욕구를 반영해 아이들용 체크 카드가 곳곳에서 만들어지기 시작했어요. 달라의 용돈 파트너 '핀'을 만나 볼 수 있는 퍼핀 카드도 있으니까, 여러 카드를 비교해 보고 똑똑하게 선택하길 바라요.

04 용돈 교육을 시작할 때 꼭 기억할 것이 있을까요?

용돈 교육을 시작하기로 결심했다면 다음을 꼭 기억해 두세요!

미리 약속을 정할 것

아이에게 용돈을 주기 전에 용돈 금액, 주는 시기, 노력 용돈의 허용 범위 등을 미리 정하세요. 그리고 잊지 마세요! 돈은 신용입니다. 세상에서 가장 귀한 내 아이와 한 약속이니 꼭 지켜 아이와의 신뢰를 쌓아 나가세요. 용돈 액수, 시기를 약속한 대로 지키고 집안일을 통해 용돈을 버는 범위, 가격 등을 정확히 반영해 준다면, 아이는 저절로 '우리 엄마 아빠는 약속을 꼭 지키는 믿을 만한 사람'이라고 생각하게 되지요.

대화를 통해 용돈 약속을 바꿀 것

처음에 아이와 한 약속을 끝까지 지킬 수 있다면 그것보다 좋은 일은 없겠지요. 하지만 어쩔 수 없는 상황에 따라 아이와의 약속을 바꿀 수도 있어요. 이때 부모 마음대로 일방적으로 바꾸

기보다는 아이에게 상황을 설명하고 아이의 뜻을 존중해 주셨으면 좋겠어요. 부모가 자신의 의견에 귀를 기울인다는 점만 알아도 아이의 자존감은 저절로 자라나거든요.

약속은 모두가 기억할 수 있도록 기록할 것

용돈과 관련된 모든 약속을 한꺼번에 정하기는 어려워요. 일단 용돈 주기, 용돈 금액 등의 기본 조건을 정하고 점점 약속의 가짓수를 늘려 나가는 게 어떨까요? 어른도 지켜야 할 규칙이 많으면 부담스럽잖아요. 또 약속한 내용을 정확히 기록해 잘 보이는 곳에 전시해 두세요.

정해진 시기에 줄 것(주 1회에서, 2주 1회, 월 1회로 늘려 가기)

처음에는 일주일에 1번씩 용돈을 주세요. 그러다가 용돈을 제법 계획적으로 사용하기 시작하면 용돈 주기를 2주, 1달로 점차 늘려 나가 보세요. 주기적으로 들어오는 돈이 있어야 그 돈에 맞춰 예산을 세우고 짜임새 있게 용돈 쓰는 연습을 할 수 있거든요.

그리고 감정적으로 용돈을 주는 일은 반드시 피해 주세요! 아무 때나 용돈을 주는 일, 예를 들어 오늘 내 기분이 정말 좋아서 주거나 아이가 말을 잘 들어서 주거나 등의 상황에서 기준 없이 용돈을 주지 마세요. 내 아이를 무계획적으로, 충동적으로 키우는 가장 나쁜 방법이에요.

도중에 그만두지 말 것

'아무나 하는 일을 십 년 하면 아무도 할 수 없는 일이 된다.'라는 말이 있어요. 작은 일이지만 꾸준히 계속하면 엄청난 결과를 이룰 수 있다는 뜻이겠지요. 용돈 교육도 마찬가지예요. 작고 귀찮은 일이지만 줄기차게 교육하면 용돈을 통해 돈을 잘 쓰고 모으는 일을 배우고 언젠가는 돈의 주인으로 성장할 수 있거든요. 세상의 모든 성장은 귀찮고 번거롭고 수고로운 일을 성실히 해냈을 때 얻을 수 있답니다.

용돈으로 아이를 통제하지 말 것

용돈은 아이의 생활을 감시하는 수단이 아니라 부모와 아이가 돈의 대화를 나누는 좋은 소재입니다. 아이에게 돈을 어디에 썼는지 캐묻는 것이 아니라 오늘 하루 어땠는지 서로의 일상을 나누는 기회로 활용해 보세요. "너 그러면 용돈 안 준다." 같은 말로 아이를 불안하게 만들거나 통제하려고 하지 말고, 아이가 앞으로 살아갈 사회를 이해하는 방법으로 용돈을 사용해 보세요.

꼭 드리고 싶은 마지막 부탁의 말

'용돈 교육의 주인공은 부모가 아니라 아이입니다.'

부디 아이들이 용돈 사용과 관련하여 '작은 성공의 경험'을 얻을 수 있도록 찬찬히 이끌어 주시기를 바랍니다.

05) 아이에게 첫 용돈을 줄 때 어떤 말을 들려주면 좋을까요?

용돈과 실수는 떼려야 뗄 수 없는 사이입니다. 그러하니 용돈 실패를 두려워하지 않았으면 좋겠어요. 실패란 새로운 것을 배울 수 있는 또 다른 시작이 될 수 있으니까요. '멋지게 실수할 수 있도록' 아이에게 용기와 응원을 전해 주세요.

아이들은 언제나 부모의 인정을 받고 싶어 해요. 사랑하는 부모님이 실수하는 자신을 보고 실망하지 않기를 바라지요. 하지만 실수는 누구나 하죠. 게다가 처음 용돈을 받고, 스스로의 의지와 선택으로 물건을 구입하는 경험은 아이들에게 무척 흥분되고도 낯선 일이에요. 아이들은 계획한 대로 돈을 쓰는 경험도 많이 부족하잖아요. 그래서 첫 용돈을 실수 없이 쓰는 일은 정말 힘든 일이에요.

용돈 잘 쓰는 법! 이 힘든 일을 처음 시작해 보려는 아이에게 따뜻한 응원을 보내 주세요. 부모님의 격려를 통해 아이는 실수에 대한 두려움이 아닌 실수를 통해 배움을 얻는 긍정적이고 주체적인 태도를 기를 수 있어요.

> ### 아이에게 첫 용돈과 함께 말해 주면 좋은 이야기
>
> 1. 용돈을 쓰기 전에 계획을 먼저 세워 봐.
> 2. 계획한 대로 용돈을 썼다면 너를 크게 칭찬해 줘! 이건 어른들도 하기 힘든 일이거든.
> 3. 계획한 대로 쓰지 못했다고 해도 크게 실망하지 않았으면 좋겠어. 중요한 건 그다음이야.
> 4. 계획한 대로 쓰지 못한 이유를 찾아보고 같은 실수를 반복하지 않게 조심해 보자.
> 5. 처음부터 용돈을 완벽하게 잘 쓰기는 정말 힘들어. 대신 실수로부터 배워 나갈 수 있어. 그리고 너는 충분히 잘할 수 있어. 나는 너를 믿어!
> 6. 잘 쓰려고 노력하다 보면 언젠가는 정말로 네가 목표한 대로 용돈을 잘 관리할 수 있어!

우리가 목적지에 도달하는 방법은 여러 가지가 있어요. 예를 들어 서울에서 제주도까지 간다고 했을 때, 비행기를 타면 가장 빨리 도착할 수 있겠죠? 하지만 때로는 배도 타고 걸어서도 가고 그러면서 배우는 것들이 있지 않을까요? 속도를 내려놓고 조금만 여유를 가지시면 좋겠습니다. 내 아이와 누릴 수 있는 많은 이야기들이 우리를 기다리고 있을 거예요. 조금 돌아가도, 조금 불편한 길로 가더라도 아이가 목적지에 도달할 수 있도록 따뜻한 길동무가 되어 주시는 건 어떨까요?

06 아이가 첫 용돈을 다 써 버렸다면 어떡해야 할까요?

먼저 용돈의 블랙홀 찾기! 그다음 작은 지출이 모이면 큰돈이 될 수 있다는 것을 알려 주세요. 자, 그럼 실수에서 배움을 찾을 수 있도록 도전해 볼까요?

아이가 첫 용돈을 계획한 대로 사용하지 못했거나 용돈을 받은 첫날 다 써 버렸다면 어떻게 해야 할까요? 날카로운 비난의 말은 조금만 참기로 해요. 실수가 비난이 되지 않고 배움으로 전환되려면, 일단 아이가 실수에 대한 부끄럽거나 불안한 감정을 느끼지 않도록 도와주셔야 해요. 그다음 중요한 건 정확한 이유를 찾는 거예요. 아이를 나무랄 꼬투리가 아니라 그 일이 일어난 원인에 집중해 주세요!

1단계_용돈의 블랙홀 찾기

아이가 용돈을 '어느 장소'에서 많이 쓰는가를 살펴봐야 해요. 무인 매장, 편의점, 문구점 등 아이가 주로 용돈을 사용하는 장소(참새 방앗간)가 어딘지를 알아보세요.

2단계_각 장소에서 사용한 금액 더하기

아이가 주로 용돈을 쓰는 장소를 찾았다면, 각 장소에서 사용한 금액을 더해 일주일이나 한 달 기준으로 총액을 구해 보세요.

> 5월 3일 음료수 1,500원
> 5월 6일 컵라면과 삼각 김밥 3,500원
> 5월 9일 젤리 1,800원
> ⋮

3단계_기회비용 따지기

소비한 총액으로 할 수 있는 일들을 생각해 보도록 이끌어 주세요. 예를 들어 편의점에서 한 달 동안 사용한 금액이 만 오천 원이라면 그 금액으로 할 수 있는 일들을 말씀해 주세요. 책 1권, 티셔츠 1장 등. 만약 그 돈을 쓰지 않고 모아서 정말 갖고 싶은 물건을 사는 데 보태거나 우량 주식 1주를 샀다면 어땠을지 생각해 보라고 넌지시 귀띔해 주세요. 푼돈이 모이면 큰돈이 될 수 있다는 것을 슬며시 알려 주시는 거죠.

팁1] 용돈 사용처를 알 수 있도록 아이에게 물건을 사면 영수증을 꼭 받아 오라고 말씀해 주세요. 만약 아이가 체크 카드를 사용한다면, 체크 카드 문자를 같이 확인해 보세요.

팁2] 용돈을 다 쓴 아이가 용돈을 좀 더 달라고 할 때, 바로 용돈을 올려 주거나 다음에 받아야 하는 용돈을 미리 주지 마세요. 용돈이 부족해서 원하는 물건을 사지 못하는 등의 불편한 상황을 아이 스스로 느껴야 빨리 실수를 바로잡고 용돈을 잘 쓰는 습관을 들일 수 있어요. 무언가 부족한 상황에서 문제의 원인을 찾으려는 노력을 온전히 아이의 힘으로 할 수 있도록 조바심 내지 않고 느긋하게 기다려 주세요.

07 용돈을 쓰지 않고 모으기만 하는 아이에게 어떤 말을 해 주면 좋을까요?

돈과 관련한 속담 중에 "궤 속에서 녹슨 돈은 똥도 못 산다." 라는 말이 있어요. 쓸 때는 써야 돈의 값어치를 제대로 한다는 뜻이에요. 아이가 돈을 허투루 쓰지 않고 차곡차곡 모아 나가는 모습을 보면 많은 부모님이 흐뭇하실 거예요. 사고 싶은 것도 많고, 친구와 하고 싶은 것도 많을 텐데 벌써부터 욕구를 잘 다스리고 용돈을 모으다니! 얼마나 기특해요? 하지만 "돌고 돌아 돈"이라는 말처럼 돈은 '모으는' 것뿐 아니라 나를 위해 '소비'하고 누군가를 위해 '베푸는' 일에도 쓸 수 있는 수단이에요.

아이에게 돈의 다양한 쓰임을 알려 주세요. 용돈으로 할 수 있는 일은 정말 많아요. 저축도 가치 있는 일이지만 소중한 사람을 위해 선물을 사는 일, 내가 읽고 싶은 책 한 권을 사는 일, 자선 단체를 응원하려고 돈을 보태는 일도 충분히 가치 있는 일이라는 점을 말씀해 주세요.

용돈을 잘 모으는 것만큼 잘 쓰는 것도 중요하답니다. 용돈으로 할 수 있는 다양한 일을 경험하며 아이는 앞으로 돈과 얽힌 다양한 문제를 해결할 힘을 얻어 나가지요. 또 차곡차곡 쌓이는 용돈 경험을 통해 돈을 모아야 할 때와 써야 할 때를 구분하는 눈을 기를 수 있어요. 용돈을 잘 쓴다는 건 한 푼도 안 쓰고 모으는 게 아니라 용돈을 써야 할 때와 쓰지 말아야 할 때를 똑똑히 구분하고 좀 더 가치 있는 일에 쓰는 것이랍니다!

08 용돈이 부족하다며 올려 달라는 아이에게 어떤 말을 해 줘야 할까요?

용돈을 주면 한 푼도 안 쓰고 모으기만 하는 아이도 있고, 받자마자 다 써 버리는 아이도 있어요. 이런 경험이 쌓이면 어른이 되어서도 비슷한 상황이 이어지지요. 그래서 아이 때부터 올바르게 용돈을 사용하는 태도를 기르는 것이 중요해요.

먼저 우리 아이가 어떤 경제 습관을 갖고 있는지부터 점검해 볼까요? 그동안 어디에 용돈을 사용했는지 아이와 이야기해 보세요. 친구들끼리 어울려 노는 것도 중요하지만 나이와 형편에 맞지 않게 지나치게 많은 돈을 썼거나 아이가 가면 위험한 곳에 갔는지 꼭 물어보세요.

편의점과 먹는 것에 너무 많은 돈을 쓰고 있다면
▶ 아이의 건강을 생각해서 세끼를 잘 먹고 있는지 점검하고 건강 간식을 챙겨 놓습니다.

게임과 게임 아이템에 너무 많은 돈을 쓰고 있다면
▶ 아이가 스마트폰에 중독되지 않도록 하루치 사용 시간과 금액

을 설정합니다.

친구에게 너무 많은 돈을 쓰고 있다면
▶ 자신의 용돈으로 각자 사용할 수 있도록 지도합니다.

아이가 어떤 상황에서 용돈을 많이 쓰는지 알아야 아이의 경제생활을 바르게 지도할 수 있어요. 아이가 용돈이 부족해서 더 받고 싶다면, 스스로 노력해서 추가 용돈을 받을 수 있도록 안내해 주세요.

추가 용돈을 얻을 수 있는 방법

1. 부모님과 홈 아르바이트 계약하기
2. 안 쓰는 물건을 정리해 중고로 판매하기
3. 다 쓴 건전지, 우유 팩 등 재활용품을 새 물건으로 교환해 보기
4. 스스로 키운 채소를 부모님께 판매하기
5. 공모전, 대회 등에 참가해서 상금 타기

09 용돈을 합리적으로 관리하는 아이에게 들려줄 이야기가 있을까요?

아이가 용돈을 잘 계획하여 관리한다면 정말 바람직하고 기특한 일입니다. 처음에는 지금처럼 용돈 관리를 꼼꼼히 해낼 수 없었을 텐데, 그동안 겪었을 많은 실패, 실수의 가치를 인정해 주고 진심으로 아이를 칭찬해 주세요.

그러고는 이제부터 아이에게 투자에 대해서 알려 주셨으면 좋겠어요. 아이가 저축을 통해 얻은 이자의 힘도 경험시켜 주시고요(저금통에 모은 돈이 삼만 원 정도가 될 때마다 아이 명의의 통장으로 옮겨 주세요.). 아이 물건, 예를 들어 아이가 좋아하는 간식, 운동화, 장난감 등에 쏟는 관심을 회사나 사회로 확장시켜 주세요. 주식 투자로도 연결시켜 주시면 좋고요. 아이가 잘하는 것, 좋아하는 일에 대한 이야기도 좋은 자극이 되어 줄 것이에요.

그리고 마지막에는 기부에 대해 꼭 짚어 주세요! 기부는 착한 소비와 같은 소극적 기부부터 직접 자선 단체를 후원하는 적극

적 기부까지 다양한 형태와 종류가 있어요. 아이의 시간, 노동 가치, 용돈이 기부로 연결되기 위해서는 자기가 가진 전부를 내놓는 게 아니라 소비, 저축, 투자, 기부가 3:3:3:1의 법칙을 지킬 수 있게 지도해 주세요. 자기 용돈의 1/10을 다른 사람들과 더불어 쓸 수 있도록 교육시켜 주세요.

결국 이 모든 과정은 '돈'이라고 하는 것의 선순환 과정을 배우는 지름길이 될 거예요. 내 아이가 용돈 교육을 하며 배운 기부의 힘이 돌고 돌아 타인뿐 아니라 스스로를 돕는 놀라운 경험을 하기를 기대해 봅니다.

⑩ 이왕 시작한 용돈 교육, 꾸준히 잘할 수는 없을까요?

아이가 정기 용돈을 받고 스스로 집안일을 통해 용돈을 벌면, 용돈을 관리할 수 있는 범위, 돈 그릇 또한 자연스레 커집니다. 이때 아이가 계속 용돈을 모으고 관리할 수 있도록 '왜 돈을 모아야 하는지' 그 목표를 똑똑히 짚어 주세요. 용돈을 모아서 하고 싶은 일이 많아질수록 아이들은 용돈을 소중히 다루고 관리하기 위해 자꾸만 들여다보게 되지요.

용돈을 모아 '특별한 일'이 생기도록 도와주세요. 특별한 일에는 평소 갖고 싶었던 물건을 사는 소비, 더 큰 목표를 이루기 위한 저축, 진로와 관련한 책을 사거나 우량 주식을 사는 투자 등이 있지요. 더불어 가정의 한 사람으로서 책임감을 기르는 것도 충분히 '특별한 일'이 될 수 있어요.

아이가 사용하는 휴대폰 요금, 책 또는 문제집 비용, 방과 후 수강비 또는 학원비의 일부 등을 아이가 직접 용돈을 모아서 지불해 보는 경험은 아이에게도 놀라운 도전이 되어 줄 거예요. 또 한편으로는 용돈 교육을 꾸준히 할 수 있는 원동력이 되지요. 그

과제를 해결하는 과정 속에서 아이는 부모님에 대한 고마움과 더불어 책임감을 기를 수 있어요.

팁1] 휴대폰 요금, 학원비 등의 금액이 아이 용돈으로 부담하기 어렵다면 일부만이라도 아이가 책임질 수 있게 도와주세요. 그리고 점차 아이가 부담하는 금액을 늘려 보세요. 아이가 책임지는 비용을 늘리기 위해 정기 용돈의 금액을 올려 주는 것도 방법이 될 수 있어요.

하지만 이때도 부모의 일방적인 결정보다는 아이와의 충분한 대화를 통해 약속과 기준을 조정하는 과정이 필요해요. 용돈 교육의 주체는 아이니까요. 아이가 꾸준하게 용돈을 모으고 관리하려는 태도를 잃지 않도록 부모는 조바심 없이 기다려야 합니다. 아이가 도움을 요청하면 언제든 달려갈 수 있는 마음을 갖고 말이에요.

◇아이와 대화를 나눈 뒤 적어 보세요◇

- 용돈 지불 항목:
- 용돈 지불 금액:
- 매달 이 금액을 지불하기 위한 방법:
-
-